How to Survive in Ancient Rome

古代ローマの

社会のしくみから食生活、娯楽、信仰まで、
生きていくための100のポイント

日常生活 II

L・J・トラフォード【著】　元村まゆ【訳】
L. J. Trafford

原　書　房

古代ローマの日常生活 Ⅱ

社会のしくみから食生活、娯楽、信仰まで、
生きていくための１００のポイント

サミュエルとパトリックへ、
ローマ人は退屈ではないという証《あかし》として。

目次

ようこそ古代ローマへ

さて、古代ローマのことならよく知っていると、あなたはお思いだろうか？　何と言っても、映画『グラディエーター』は6回も観たし、会話の中で「ブルータス、お前もか」というカエサルのせりふをウィットを効かせて使えるし、政治的な討論では、頭のいかれたカリグラ帝が愛馬を元老院議員に任命したという逸話を効果的に挟むこともできるのだから。

だが、ご存じないこともたくさんあるようだ。実際には、カエサルは「ブルータス、お前もか」とは口走っていないし、カリグラ帝は愛馬を元老院議員に任命しなかった。また、コンモドゥス帝は映画『グラディエーター』で描かれているように、たくましい剣闘士の手にかかり、魅力的なつぶやきを残して死んだりしていない。愛妾《あいしょう》マルキアが毒入りの牛肉をコンモドゥス帝に食べさせたが［ワインに毒を入れたという説もある］、皇帝が吐き出してしまったため、ナルキッソスという名の剣闘士に命じて殺させたのだ。まったく「事実は小説より奇なり」である。

古代ローマは実に変わった町だ。衣服を尿で洗濯し、赤ん坊はごみ捨て場に遺棄され、ペニスに宝石を付けて悪運を追い払う。でも、うろたえなくて大丈夫。私たちがこの奇妙で勝手の違う世界を案内しよう。あなたがうっかり地元民を侮辱したり、ローマ社会では無作法と見なされる振る舞いをして恥ずかしい思いをしたり、さらに、蛇や犬、あるいは鶏とひとつの袋に入れられたりせずにすむように[1]、実用的なアドバイスを与えるつもりだ。

その途中で、あなたはローマを熟知しているふたりの人物に出会うだろう。ティトゥス・フラウィウス・アヤクスとホルテンシアだ。ティトゥス・フラウィウス・アヤクスは解放奴隷で、現在はドミティアヌス皇帝陛下の秘書官をしている。あなたが知っておくべきローマ帝国に関することや宮廷の最上のゴシップなど、あらゆる情報を提供してくれるだろう。ホルテンシアは（ほぼ）有閑《ゆうかん》マダムだ。ローマの上流階級の一員として、あなたがずっと超富裕層について知りたいと思いながらも、尋ねる勇気がなかったことをすべて知っている。また、ローマ帝国における女性の生活の内幕にも詳しいはずだ。

ローマ人は、ローマ人であることにとてつもない誇りを持っている。大プリニウスも、「全世界できわだって高い徳を持つ民族は、間違いなくローマ人だ」[2]と言っている。だから、この新しい環境にうまく適応するには、この偉大な都市の歴史についてある程度の知識が必要だ。なのでまず、これから800年［本書は紀元95年の設定］におよぶ歴史の旅にお連れしよう。どうかカウチにもたれて、ファレリオ・ワイン[3]のグラスを手にヤマネのローストでもかじりながら、リラックスしてお楽しみいただきたい。

ローマの歴史――基礎知識

ローマの物語は、王政、共和政、帝政の3つの時代に分かれる。

王政以前

まだローマの王も、ローマという国すら存在しなかった時代、アエネーイスという人物がいた。アエネーイスはトロイア戦争（そう、例の木馬が登場する戦争だ）の英雄で、故郷トロイアの陥落から逃れて、多くの冒険と試練をくぐり抜けたのち、最終的にイタリアへたどり着いた。アエネーイスは将来ローマの町が築かれる場所のすぐ近くに居を定めたが、なぜかそこが都市建設に最適の場所であることに気づかなかった。その代わり、彼は王朝の創設に取りかかったが、王たちの中からローマ建設へ立ち上がる者はなかなか現われなかった。[4]

王政時代

期間　紀元前753年～紀元前509年（頃）。

ローマの初代王はロムルスという。ロムルスがこの都市を建設するに至った物語は、ローマの住民なら、男性、女性、子ども、奴隷に至るまでよく知っている。この都市にうまく溶け込みたいなら、この物語はある程度知っておいた方がいいだろう。少なくとも、双子に乳を与える狼の像を見て、「この赤ん坊たちは、どうして犬の乳を飲んでるの？」と尋ねて恥をかかないために。

王政時代
紀元前 753 ～ 509 年

紀元前 753 ～ 715 年	ロムルス
紀元前 715 ～ 673 年	ヌマ・ポンピリウス
紀元前 673 ～ 642 年	トゥッルス・ホスティリウス
紀元前 642 ～ 617 年	アンクス・マルキウス
紀元前 617 ～ 579 年	タルクィニウス・プリスクス
紀元前 578 ～ 535 年	セルウィウス・トゥッリウス
紀元前 534 ～ 510 年	タルクィニウス・スペルブス

アエネーイスの子孫はアルバ王として、ローマに程近いがローマを含まないイタリアの一部を支配していた。紀元前8世紀、アムリウスは王位に就くために、男性の親族を皆殺しにした。それで疲れ切ったアムリウスには、これ以上の殺戮《さつりく》を行う余力は残っていなかったため、姪のレア・シルウィアにはウェスタの巫女[5]になるよう命じた。だが、この綿密に練られた計画は、軍神マルスが、厄介《やっかい》な神たちの

いつものやり方[6]で介入したために頓挫《とんざ》した。レア・シルウィアが身ごもり、双子の男子を出産したのだ。

アムリウスは激怒し、双子（ロムルスとレムスと名付けられた）をティベリス川で溺死させるよう命じる。これがうまくいっていれば、短い物語で終わったところだが、幸いなことに、アムリウスの部下たちは怠け者だったようだ。双子を川の最も深い部分へ投げ込むには、労力とそこそこの上手投げの技術を要したため、部下たちは土手からいくらも離れていない流れのゆるやかな浅瀬に放り込んだ。川の水が引くと、双子は安全な土の上に取り残された。

たまたま通りかかった雌狼が双子を見つけ、お腹を空かせた赤ん坊に乳を与えた。そうするうちに、羊飼いの夫婦が双子を見つけて連れ帰った。[7] 王の血を引く双子のロムルスとレムスは、貧しい羊飼いの息子として育てられた。羊の群れの世話をしたり、絵のような景色の中を歩き回ったりしながら、誰の手も煩わせずに成長した。

この平穏な毎日は、双子が近隣の町で開かれる祭りに参加を決めたときに終わりを告げた。ローマの歴史家ティトゥス・リウィウスは、この祭りについて「若者たちがさまざまな悪ふざけをしながら、裸で走り回った」と書き記している。[9]

こうした行為は往々にしてトラブルを引き起こすが、この場合もそうなった。ロムルスは逃げおおせたが、レムスは捕まってしまい、鎖でつながれ

ロムルスとレムスが羊の世話の合間に休息していた小屋は、驚いたことに、800年後の現在もまだパラティヌスの丘の上に建っている[8]。

てアムリウス王のもとへ引き出された。そのころ羊飼いの家では、温厚な夫婦がいよいよ王家に関わる真実をすべて打ち明けるときが来たと心を決めた。レムスが不当に投獄されたことで気が立っていたロムルスは、アムリウス王の仕打ちを知って激高した。そして、羊飼いの仲間とともに、今こそ王を打倒すべきだと決断した。

彼らは驚異的なすばやさで決定的な勝利をおさめた。アムリウスを打ち倒すと、双子は統治する都市の建設こそ王たる者のなすべきことだと決断した。アエネーイスやアルバ王とは違って、彼らはパラティヌスの丘の近くの土地が都市を築くのに最適の場所であると見極めた。ふたりは早速面倒な建築基準の取りまとめに取りかかった。もしかしたら、アエネーイスもこの作業の繁雑さに音を上げて、都市建設をあきらめたのかもしれない。

そこで問題が浮上した。双子のうち、どちらが新しい都市の王になるべきか？　決定する方法がひとつだけあった。神々にお伺いを立てるのだ。神にふさわしい回答は「ふたり一緒に王になればいいではないか？　ふたりで玉座に就き、王冠を戴けばよい」だろうが、そうはならず、神々はふたりの頭上にハゲワシを遣わして、どちらが王になるべきかを知らせた。レムスの頭上には6羽、ロムルスの頭上には12羽のハゲワシが現われた。ロムルスの勝ちである。

望みを絶たれた兄弟がすべてそうであるように、レムスは面白くなかった。そして、ロムルスの「鼻を明かして」やろうと思い、自分ひとりで統治する、自分だけの都市の建設を始めた。ロムルスがこの企みをすべて知らないと面白くない。そう考えたレムスは、パラティヌスの丘に上っていき、兄に向かって、自分の都市の方がはるかに素晴らしく、ロムルスの城壁がいかにみすぼらしく見えるかを伝えた。

不運なレムスは知らなかったが、実はロムルスは、レムスのＤＩＹのセンスの良さに悩まされていたのだ。それで、自分が新しく築いた城壁をレムスが軽率にもあざけるように軽々と飛び越え、なんてちゃちな壁なんだと笑うのを見て、ロムルスは激怒し、レムスを殴り殺してしまった。とにもかくにも、これで王位継承問題はきれいさっぱり片が付いた。

ロムルスはただひとりの王として統治し、たいていの王がやることをやった。すなわち、近隣の町と戦い、そこの女性をさらってきて、新しい都市を他の町から流れてきた犯罪者や盗賊であふれさせた。[10]そして、近隣の町と戦いつくすと、ロムルスは忽然《こつぜん》と姿を消した。伝承によると、霧が降りてきてロムルスを覆い隠し、霧が晴れたとき、王の姿はどこにもなかったという。

ローマの歴史家リウィウスは、ロムルスが敵対していた父を含む親族の年長者の手にかかり、八つ裂きにされた可能性を否定していない。ロムルスが霧に包まれて消えたという話には、具体的な詳細を考慮せず、急いででっち上げたような（文字どおり煙に巻いているような）気配が感じられるのは確かだが、訪問者であるあなたは身の安全を考えて、公式発表を鵜《う》呑《の》みにしておく方がいいだろう。

ロムルス亡きあと、ローマには６人の王が在位し、宗教、法律、社会階級など、ローマ社会の形成に着手した。こうした要素については、これからあなたにも説明していく。ローマは、ロムルスの時代には手作りレンガの小さなひとつの城壁に囲まれていたが、王政時代にはいくつものレンガの城壁に囲まれた都市に変わった。そして、こうした城壁は、戦いを挑まれた近隣の町を悩ませるようになった。[11]

こうして、君主国ローマは順調に成長し、後世に役立つ国造りを行い、現在誰もが認識している活気にあふれた、押しの強い国になっていった。だが、ここでローマにとって7代目の、そして(ネタバレになるが)最後となる王が即位した。彼はタルクィニウス・スペルブスという、実に素晴らしい名前を持っていた。

スペルブスは「傲慢《ごうまん》な」という意味だが、タルクィニウスはまさにそのとおりの男だった。不当なやり方で王位に就くと、恐怖によって国を統治すると決意した。そして、不当な有罪判決や突然の処刑執行を行ったため、あっという間にローマ市民の憎しみを買った。中でも、最も悪質だったのは、夜明けに会議を設定しておいて、夕暮れまで姿を見せないことだった。こうして待たせている間に、被害を受けた者の怒りも冷めるだろうと考えたのだ。

ある日、王宮の木柱から蛇が這い出した。誰もがそれを、スペルブスが王位を去る予兆と見なした。とどめは、スペルブスの息子セクストゥスが、高貴な人妻ルクレティアを強姦した事件だった。この暴挙に最も激怒したのはルキウス・ユニウス・ブルトゥスで、こう宣言した。「限りなく貞潔であったこの血にかけて、私は誓う。そして、神々よ、私はあなた方を証人にして誓う。私は、ルキウス・タルクィニウス・スペルブス、その邪悪な妻、そして、その血を引くすべての子どもたちに報復を加える。殺戮であれ、焼き討ちであれ、私にできる手だてがあれば、厭いはしない。また、あの者たちだけでなく、誰であろうとも、この後、ローマで王座に就くことは許さない」[12]（リウィウス『ローマ建国以来の歴史1』岩谷智訳）

この演説は人々にとてつもなく大きな力を与えた。そして、さらに素晴らしいのは、ブルトゥスがこの誓いをすべて実行したことだ。タルクィニウス・スペルブスとその家族を追放し、これ以後ローマで王位に就いた者はいない。そして、ブルトゥスには「解放者」というあだ名が付けられた。

共和政時代

期間　紀元前509年〜紀元前27年（頃）。

第1部——始まり

専制君主制が崩壊したあと、政治的空白の下に置かれたローマ人は、共和政を選択した。この制度では、誰かが大きな権力を持ったり、スペルブスのように振る舞ったりできなくなった。例えば、政務官の最高位である執政官《コンスル》は、ふたりの男性が任期1年で務め、早い時期に再度執政官にはなれないという規制があった。また、元老院という600名の議員で構成される組織もあった。元老院には独自の議事堂があり、そこで議論を戦わせたり、法律を通過させたりした。

こうした元老院議員も法律も、住民による投票で決定された。ただし、住民とはローマ市民権を持つ男性のみを指し、女性、奴隷、外国人の住民は投票プロセスから除外されていた。

共和政時代
紀元前509年～紀元前27年

紀元前396～146年　サムニウム人、ギリシャ人、エトルリア人、カルタゴ人、イタリア人の同盟軍を制圧

紀元前71年　スパルタクスとその剣闘士軍団を制圧

紀元前67～62年　ポンペイウスが東方を制圧

紀元前58～51年　ユリウス・カエサルがガリアを制圧

紀元前49～48年　カエサルが内戦でポンペイウスに勝利

紀元前44年　カエサル暗殺

紀元前44～31年　内戦が続く

紀元前31年　オクタウィアヌスがアントニウスとクレオパトラを制圧

紀元前27年　オクタウィアヌスがアウグストゥスに改名

共和政時代を通して、ローマがどことも戦争をしていなかったのは、紀元前235年の1年だけである。

共和政初期の時代をひとことで表すなら、「ワオ！」だろう。この時期にローマは小さな町から、繁栄し拡大を続ける帝国へと成長したからだ。ほとんど休みなく戦いを続けながら、ローマはこれを成し遂げたのだ。

この時代に、ローマはカルタゴと3回戦った。まとめて「ポエニ戦争」と呼ばれている。シリーズものの映画のような見方をすれば、ポエニ戦争の最高の見せ場は、間違いなく第2回だろう。何と言っても、ゾウが登場するからだ。[13]

ローマはカルタゴ以外にも、サムニウム人、エトルリア人、イリュリア人、マケドニア人、ガリア人、ガラティア人、ケルト人、アカイア人、キンブリ人、ヌミディア人、シチリア人、ポントス人、イタリア同盟市、シリア人とも戦った。ローマでは内乱もあった。

戦うたびに国土を獲得し、財宝を奪い、軍には多くの新兵が加わった。こうして征服した地域の男性住民をローマ軍に加入させたことが、ローマが大いなる成功をおさめた要因だ。他国の民を使ってまた別の国を征服したのだから、笑いが止まらなかったことだろう。[14]

第2部——血塗られた没落

上がったものは必ず下がる。共和政ローマも同様だった。何世紀にもわたってヨーロッパ、北アフリカ、東方へと勢力を拡大したあと、共和政ローマは最も手強い敵に立ち向かうことになった。その敵とは、ローマ帝国自身である。

思ってもみない展開だが、それまで圧勝に次ぐ圧勝をもたらしてきた政治体制こそが、共和政ローマ瓦解の原因となった。紀元前2世紀半ば以降、ローマでは激しい内乱が続き、ついに共和政は崩壊し、ひとりの男性がすべてを統治する体制へと移行した。

この崩壊の最大の原因は、共和政では広大な帝国を統治しきれなかったことだ。あなたが執政官に就任したとしよう。1年間だけふたりで権力を共有するというのは、理論上は素晴らしいことだと思える。だが、執政官がキャリアの頂点で、あなたの業績が何百年先まで語り継がれるとしたら、当然華々しく、人々の記憶に残るようなものにしたいと思うだろう。広大な土地の問題への対処といった、退屈で面倒な仕事に忙殺され、結局執政官とは金持ちの手先で、貧しい人々から搾取しているにすぎないと気づかされる、そんなふうにはなりたくないはずだ。権力の座にある1年で、農地改革のまねごとぐらいしかできない執政官に、誰がなりたいだろう？

そして、あなたの次に選ばれた執政官が、あなたの意志を継いで農地改革を少しでも推進したいと思ってくれる保証など、どこにあるだろう？ それに、あなたは執政官であるだけでなく、裕福な上流階級の一員でもある。つまり、農地改革に強い関心があるのは確かだが、それは改革されると困るという観点からの関心なのだ（何千エーカーもの所有地の中の広大な農地から、がっぽり稼いでいるのだから）。

ローマの共和政は、継続的な思考とリーダーシップを要する込み入った問題への対処において、他に類をみないほど無能だった。こうして追い詰められた国家機関は、懸命に生き残りを模索し、その結果ふたつの派閥が形成された。

◉閥族派《ばつぞく》（オプティマテス）　「良き人々」の意で、ローマの古来の慣習や信念を固持する人々を指す。結局、彼らはこのやり方でそれまで大層うまくやってきた。成功して何が悪いと言いながらも、この制度の中でローマの一般市民たちの発言力が増したらどうなるかという不安を抱えていた。そう考えるのは、上流階級の俗物根性のせいだけではない。ローマの一般市民は暴徒化する傾向にあり、半ば定期的に市内を練り歩いていた。

◉民衆派（ポプラレス）　ローマの一般市民の側につき、全面的な改革が必要だと認識している人々を指す。また、少し金をばらまけば、民衆の人気は勝ち取れると考えていて、自分の暴徒を持っていることは格好がいいだけでなく、地位を確保するのに役立つと考えていた。

このふたつの派閥間の衝突は、双方がローマでの地位を確実なものにしたいと思うにつれ、政治的不正や殺人という大事件を引き起こした。紀元前１３３年、護民官のティベリウス・グラックスは、同僚の護民官オクタウィウスを解任して、農地改革の法案を通過させようとした。このような（不正な）悪だくみは、グラックスへの民衆の強い支持と相まって、元老院の「良き人々」

> ティベリウス・グラックスの支持者のひとりは、追われて捕まり、ひどくむごたらしい方法で殺された。大きな甕《かめ》の中に蛇と一緒に閉じ込められたのだ。

を恐れさせた。恐怖と悪い噂で世情は悪化していき、グラックスと300人の支持者は撲殺された。攻撃した集団の中には貴族階級の元老院議員も含まれ、彼らは木の椅子を壊してその場しのぎの武器を作った。

グラックスの死は、政治的優位性を確保する方法として集団暴力が使われた最初の例だった。グラックスの弟ガイウス・グラックスは、兄とほぼ同じ法律を導入しようとして、10年後にフォルム・ロマヌムで殺され、首を切り落とされた。ガイウス・グラックスの死の20年後、護民官のサトゥルニヌスは、自分が作成した法律が間違いなく通過するように、雇った兵団を使って元老院を脅迫した。

また、同じく護民官のスルピキウスは、もうひとりの護民官に狙われないように、600人の騎兵部隊《エクイテス》[15]に取り囲ませ、執政官の会議や公開討論会を急襲するときにも彼らを使った。この方法は功を奏した。別の暴徒に襲われたとき、この集団で対抗したことで、かろうじてリンチ死を免れたからだ。

暴力はますます激しくなっていき、当時の政治体制では完全に対処できなくなった。その結果、野蛮な内乱が連続して勃発した。こうした内乱を率いたのは、ほとんどがローマでカリスマ性を高めつつある将軍だった。将軍は、執政官とは異なり、長年にわたって地元に尽くしてきたので、忠実な兵団を構築することができたのだ。[16]そして、その究極の勝者がユリウス・カエサルだ。民衆派のカエサルは、終身独裁官の称号を得て、ローマの改革に着手した。しかし、残念なことに、彼が改革を実行できた期間は長くなかった。[17] 紀元前44年3月15日に、もうひとりのブルトゥスの手にかかり暗殺されたからだ。このブルトゥスは人々を鼓舞する演説があまり得意でなく、早々にローマから逃げ出さざるを得なくなった。[18]

帝政時代

期間　紀元前27年~現在。

ユリウス・カエサルの暗殺によって、武装したごろつきの集団や本物の軍隊を使って権力を追求する時代が終わったわけではなく、新たな内乱の時代が幕を開けた。

まず、カエサルの盟友でその死を悲しんでいたマルクス・アントニウスは、カエサルの姪の息子オクタウィアヌスと手を組み、卑劣な暗殺者ブルトゥスとカッシウスとに恨みを晴らそうとした。そして、フィリッピの戦いで復讐を果たし、ブルトゥスとカッシウスは命を落とした。

マルクス・アントニウスとオクタウィアヌスはふたりで帝国を分け合った。アントニウスは東半分(エジプトを含む)を、オクタウィアヌスは西半分を取った。一見したところ、アントニウスが得をしたように見えた。東側は西側より豊かで、面白味もあった。とりわけ、エジプトにはクレオパトラという名の女王がいた。とは言っても、オクタウィアヌスはイタリアを手に入れた。

これにより、オクタウィアヌスはアントニウスと反目した際に、元老院議員を召集し、アントニウスは敵だと宣言して戦争への賛成票を投じさせることができた。アントニウスとクレオパトラは身を滅ぼし、オクタウィアヌスは34歳という若さで[19]、ローマの唯一の主《あるじ》となった。それを祝して、オクタウィアヌスは名前をより覚えやすいアウグストゥスに変え［アウグストゥスとは「尊厳者」

帝政時代
紀元前 27 ～紀元 95 年

ユリウス＝クラウディウス朝
紀元前 27 ～紀元 68 年

紀元前 27 ～紀元 14 年　アウグストゥス
紀元 14 ～ 37 年　ティベリウス
紀元 37 ～ 41 年　カリグラ
紀元 41 ～ 54 年　クラウディウス
紀元 54 ～ 68 年　ネロ

四皇帝の年
紀元 69 年

ガルバ
オト
ウィテッリウス

フラウィウス朝
紀元 69 ～ 95 年

紀元 69 ～ 79 年　ウェスパシアヌス
紀元 79 ～ 81 年　ティトゥス
紀元 81 ～ 95 年　ドミティアヌス

という意味の称号」、ローマ帝国初代皇帝となった。

皇帝

アウグストゥス　紀元前27年～紀元14年

アウグストゥスは、100年以上にわたってローマを悩ませた内乱を首尾よく終了させた。誰もが戦争に飽き飽きし、上流階級の家系の大部分は混乱の時代に消滅していた。こうしたことが追い風にはなったが、アウグストゥス自身も非常に賢明だった。彼の賢明さは、『神君アウグストゥスの業績録《レス・ゲスタエ》』という彼が書いた4000字の碑文からもわかる。その内容はひとことで言えば「私は何においても優秀である」ということだ。万一アウグストゥスが何においても優秀であることを知らない者がいた場合に備えて、この文はローマと帝国じゅうに掲示された。ローマの正式な初代皇帝は、平和と繁栄の時代にこの地を統治し、義理の息子であるティベリウスに譲った。

ティベリウス　紀元14年～37年

アウグストゥスの唯一優秀とは言えない点は、相続人を確定しておかなかったことだ。これは、彼自身の長寿によるところが大きい。相続人と目された人物のうち4人が彼より早く亡くなり、残ったのはティベリウスひとりだった。

義理の父と義理の息子の関係は、かなりギクシャクしていた。そもそもの原因は、アウグストゥスがティベリウスに、愛する妻と離婚して自分の娘ユリアと結婚するよう強いたことだ。ティベリウスはユリアがまったく気に入らなかった。ティベリウスがすすり泣きながら元妻を市場まで追いかけていったことを知ったアウグストゥスは、ふたりが二度と会わないよう措置を講じた。こんなことをしたら、わだかまりが生じるのも無理はない。

ティベリウスは陰気なタイプで、このことは紀元14年、アウグストゥスの死去にともない皇帝となったときにはっきり示された。ローマは自分のような内向的な人間には陽気すぎるとわかると、ティベリウスは親衛隊長官《プラエトリアニ》[20]のセイヤヌスに後を託し、カプリ島へ隠遁《いんとん》してしまった。だが、その後セイヤヌスが次々と皇帝の家族を殺害していったため、これは取り返しのつかない間違いだったことが判明した。その結果、ティベリウスが死去したとき、相続人になりうる人間はひとりしか残っていなかった。カリグラである。

カリグラ　紀元37〜41年

本名はガイウスと言い、カリグラは「小さな軍靴」という意味の愛称だ。幼少の頃、軍靴を模した靴を履いていたことからつけられた。カリグラの幼少期は決して幸福なものではなかった。父親のゲルマニクスは彼がわずか7歳のときに亡くなった。母親とふたりの兄はセイヤヌスの奸《かん》計《けい》に陥った。カリグラ自身は、亡き者にしようとするセイヤヌスの魔の手からかろうじて逃げおおせた。

今さら誰も驚かないだろうが、皇帝カリグラは、控えめに言っても多少問題のある人物だった。より強烈な表現を使えば、めった切りにされて殺されるのも仕方ないと思えるほど、常軌を逸した残虐性を持ち合わせていた。[21] カリグラは「自分の愛馬の方が元老院議員にふさわしい」と豪語したが、もしかしたら人々は、その言葉が正しかったと証明されるのを恐れたのかもしれない。馬にも劣るとは、誰も言われたくないだろう。

クラウディウス　紀元41～54年

カリグラの暗殺によって、皇帝の親衛隊員は窮地に立たされた。皇帝がいなくなったら、親衛隊も用なしになる。失業を恐れて、彼らは護衛の対象となる新しい皇帝探しに乗り出し、ひっそり暮らしていたカリグラの叔父に当たるクラウディウスを見つけ出した。そして、彼なら文句はあるまいと、クラウディウスを新しい皇帝として宮廷に引っ張り込んだ。

親衛隊員の判断はほぼ正しかった。クラウディウスは十分皇帝の務めを果たした。ただし、女性問題で評判を下げた。姪に当たるアグリッピナと結婚できるよう、法律を変更したのだ。だが、これが裏目に出た。アグリッピナは自分の連れ子のネロに跡目を継がせるために、クラウディウス帝に毒を盛ったのである。[22]

ネロ　紀元54～68年

ネロは、言わばローマの女性蔑視の犠牲者だった。17歳の若者は、皇帝に即位したとき、戦車競走を観て、詩を書き、宮廷の奴隷にちょっかいを出す以上のことをする気はなかった。ところが、母親のアグリッピナが政治狂だった。女というだけであらゆる政治的地位から排除されてきたアグリッピナは、政治への渇望を、息子を通して満たすしかなかった。

しばらくはそれでうまくいっていたが、次第にネロは何にでも口出しする母親（ネロも母親の優秀さは認めていた）を疎ましく思うようになり、ついに母親の殺害を命じた。落ちるところまで落ちたかと思えたが、その後もネロの統治は9年間続いた。多くの犠牲者が出た。キリスト教徒から元老院議員、果てはネロ自身の家族まで。とりわけ気の毒だったのは、ネロの詩の朗読会への出席を強要され、長時間耐えがたい苦痛を味わった何百人もの人々だ[23]。

最終的に、支配階級はこれ以上わけのわからない詩を聞かせられるのは我慢できないと決断し、詩人ではないガルバを皇帝に就けた。ネロはローマから逃げ出したが、30歳で自殺した。

ネロは公式には3度結婚しているが、非公式にも2度結婚している。1度は解放奴隷ピタゴラスの花嫁として、もう1度は去勢した美少年スポルスの花婿として。

四皇帝の年　紀元69年

ネロの死後、再びローマは、後期共和政を悩ませた血で血を洗う内戦状態に突入した。とは言っても、皇帝は共和政よりはるかに手際よく統治したので、血なまぐさい混乱は1年で終結した。ガルバ、オト、ウィテッリウスが次々と帝位に就いては（無残にも）去っていったあと、ティトゥス・フラウィウス・ウェスパシアヌスが登場した。

ウェスパシアヌス　紀元69〜79年

ウェスパシアヌスはアウグストゥスを手本として国を統治し、野蛮で血に染まった四皇帝時代のあと、ローマに平和と繁栄を取り戻した。彼は大きな仕事を成し遂げたが、アウグストゥス帝のように4000ワードの業績録をローマ中に張り出して自らの業績を自慢する必要を感じなかった。10年間平穏に国を治めたのち、ウェスパシアヌスは少しばかり「お腹の不調」[24]を患い、亡くなった。

ティトゥス　紀元79〜81年

ティトゥスはウェスパシアヌスの長男で、ユダヤ戦争の英雄である。[25]ティトゥスの統治はわずか2年間だったが、その短い期間に疫病、火事、それに有名な火山の噴火によるポンペイの壊滅[26]

など、さまざまな厄災に見舞われた。そして、皇帝らしい仕事をする機会を持てないまま熱病にかかって急死し、一連の大災害を締めくくった。

ドミティアヌス　紀元81年〜現在

ドミティアヌスはウェスパシアヌスの息子でティトゥスの弟に当たり、現在まで14年にわたってローマを統治している。彼はすべての面において偉大な皇帝である。[27]

さて、800年間の歴史をざっと解説したので、今後は自分で目的地を見つけて旅を続ければいい。だが、紀元1世紀のローマの町に出る前に、あなたの旅がより円滑に進むよう、いくつか基本的な情報を伝授しておこう。

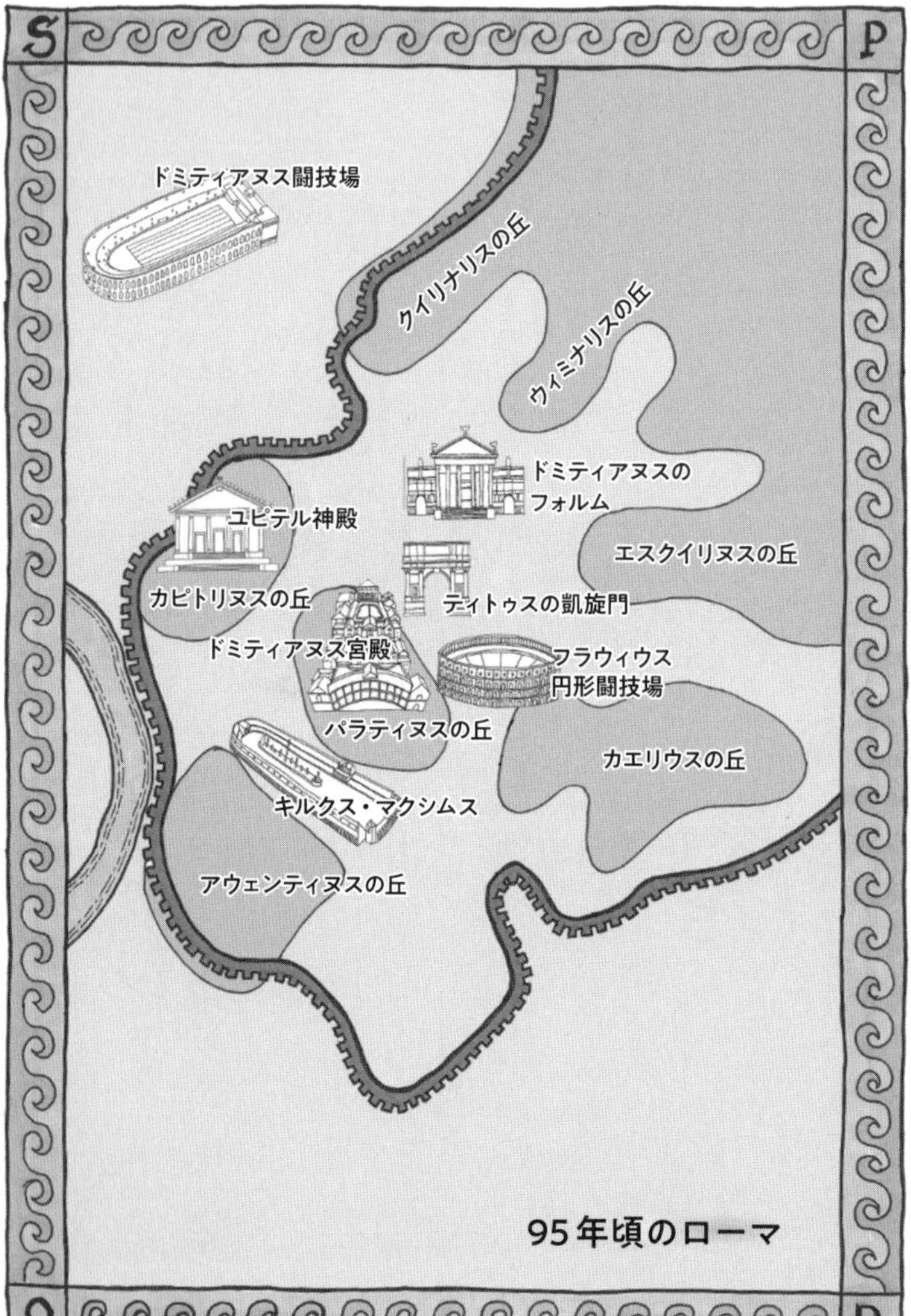
S
P
Q
R
ドミティアヌス闘技場
クイリナリスの丘
ウィミナリスの丘
ドミティアヌスの
フォルム
ユピテル神殿
エスクイリヌスの丘
カピトリヌスの丘
ティトゥスの凱旋門
ドミティアヌス宮殿
フラウィウス
円形闘技場
パラティヌスの丘
カエリウスの丘
キルクス・マクシムス
アウェンティヌスの丘
95年頃のローマ

紀元95年のローマはどのようなところ？

ローマは大都市だ。実に大きい。１００年前に皇帝アウグストゥスは、30万人のローマ人に祝儀を与えたと自慢していた。ローマ人と言えば男性のローマ市民を指すので、女性も含めたらこの数字は倍になる。さらに、子どもや奴隷、外国生まれの非市民も一緒くたに鍋に放り込み、かき混ぜてちょっと蒸したら、７つの丘に広がってぐつぐつ泡を立てている１００万の人口の出来上がりだ。参考までに言っておくと、ロンドンの人口が同じ規模に達したのは、１８０１年になってからだ。

ローマの町中は、とにかくひどく混み合っていて、おまけに騒々しい。これまでに何度か、この問題に対処するための対策が取られた。まず、日中は荷物をローマ市内に運び込んではいけないという法律ができたが、これはなかなか気の利いた対策だ。アンフォラ［両側に持ち手が付いた陶器のつぼ］や奴隷を満載した荷馬車と道幅の取り合いをするのは誰だってごめんだ。ましてや、市場へ追い立てられていく動物の群れと道路上で出くわそうものなら一巻の終わりだ。どうやって自分の仕事をこなせばいい？　どうすればサンダルを履いた足を荷馬車に轢《ひ》かれて痛い思いをせずにすむだろう？

荷馬車に邪魔されずに歩ける舗道があればもうけものだ。ローマの町を好きなように歩いて行ける。しかしながら、この荷馬車規制法の欠点は、ローマ市民が眠りに就こうとする夜間に、すべての荷物が運ばれることだ。ローマの風刺詩人ユウェナリスは、うんざりした様子でこう書いている。「ローマでは多くの人が不眠症で亡くなっている」[28]

ローマはクイリナリス、ウィミナリス、エスクイリヌス、カエリウス、アウェンティヌス、パラティヌス、カピトリヌスと呼ばれる、7つの（有名な）丘に広がっている。パラティヌスの丘は、そう、ロムルスが最初に城壁を築いた場所だ。今日では、どんどん増築されている宮廷の拠点となっている。そのそばにあるカピトリヌスの丘は壮大なユピテル神殿で有名だが、残念なことにこの神殿は何度も焼け落ちている。[29]

エスクイリヌスの丘には美しい公立公園がいくつかある。中でも一押しは、マエケナス庭園だ。この丘のサブラ地区には何とも怪しげなバーがいくつかあるが、ここには近づかないよう強く忠告する。しかし、あなたが怪しげなバーの常連なら話は別だ。その場合はお楽しみが待っている！

クイリナリスの丘は、現皇帝ドミティアヌスが生まれ育った場所として有名だ。この歴史上の輝かしい瞬間を記念して、ドミティアヌス帝がまさに幼少期を過ごした場所に、フラウィウス一族に捧げる神殿が建設されている。

アウェンティヌスの丘にはティベリス川沿いにいくつか船渠《せんきょ》（ドック）があるので、マッチョな労働者に出会えるだろう（あなたがマッチョ好みなら）。カエリウスの丘にはローマの超富裕層が所有する豪邸が建ち並ぶ。ウィミナリスの丘には親衛隊《プラエトリアニ》の兵舎が建っているが、ここには決して足を踏み入れてはならない！

おわかりのように、ローマは実に丘の多い町だ。歩きやすい履物を用意しておこう。

時間

① 年と月

今は紀元95年ということでお話ししてきたが、ローマ人はそう思っていない。ローマ人はローマ建国の年である紀元前７５３年から年を数えるので、現在は８４８年になる。しかしながら、大部分のローマ人は、その年の執政官の名前で呼ぶ。これでいくと、紀元95年はティトゥス・フラウィウス・クレメンスとドミティアヌス・カエサルの年となる。[30]

古代ギリシア人は別の方法で年を数えた。オリンピック大会を使ったのだ。例えば、紀元前４８０年のペルシアによるギリシア侵攻は、第75回オリンピアード［大会開催の年から次の大会の前年までの4年間］の年の出来事と考える。ローマ人はこれをサエクルム祭という形でまねようとした。紀元前17年にアウグストゥス帝がこの祭りを復活し、その後１１０年ごとに開催することに決まった。だが、クラウディウス帝がその次のサエクルム祭をわずか30年後に開催したため、110年ごとという決まりは台無しになった。近年ドミティアヌス帝が再びサエクルムの祭典を開催したが、これはアウグストゥス帝の最初の祭りから数えると、適切な間隔となる。

似たようなものとして、ネロ帝はネロ祭と呼ばれる芸術祭を開始し、一応5年ごとの開催と決めた。ところが、クラウディウス帝と同様に、ネロ帝はこの祭りに大層入れ込んでしまい、次の開催までの5年間が待ちきれなかった。ネロ帝はギリシア遠征でもこらえ性のなさを発揮し、4年後のオリンピック大会が待ちきれずに、ギリシア人に無理やり予定を変更させた。こうして、ギリシア人の暦も台無しになってしまった。

1年は12か月で、月の呼び方は英語と似ているが、9月と10月は別だ。最近皇帝は自分の名にちなんで、9月をゲルマニクス、10月をドミティアヌスに変えてしまった。無限の権力を手にしたら、誰でもやりそうなことではある。[31]

② 日

ローマの月は以下のように分かれている。

カレンダエ――月の最初の日。

ノーナエ――5日または7日。

イドゥス――13日または15日。

それ以外の日付はこの3つの日を基準にして表す。例えば、

「天にましますユピテル神！　今日は何日でしょう？　あと2日で3月のイドゥスですか！　月日が経つのは早いですね」

あるいは

「天にましますユピテル神！　今日は何日でしょう？　まだ3月のイドゥスなんですね」

あるいは

「天にましますユピテル様！　今日は何日でしょう？　3月のイドゥスからまだ2日しか経っていないのですね。何か月も前のように思えます」

もうひとつ注意すべきなのは、縁起の悪い日が決まっていることだ。この「ネファスティ」と呼ばれる日には、新しい取引（だまされるから）や建築事業（建材が頭の上に落ちてくるから）を引き受けない方がいい。そして、自宅で開く重要な晩餐会で出そうと楽しみにしていた、新しいレシピを試すのもお勧めしない（少なくとも、参加者全員が食中毒にかかる）。

ネファスティの日にはできるだけ何もしないのがいちばんだ。薄暗い部屋でカウチに寝そべ

り、慎重にブドウを食べるくらいがいい。と言っても、1年のうちにネファスティの日はだいたい109日もあるので、退屈しないように少しはめを外すくらいはいいだろう。うっかりネファスティの日に何か重要なことを行ってしまっても、うろたえるにはおよばない。ほとんどの神殿の外には暦が張り出してあるから、神が不在かどうかいつでも確認できる。

また、神殿の暦には祝祭日の予定も書いてある。それを見ておけば、祝祭日に備えていちばん上等なトガやガウンを洗濯する時間は十分とれる。

③　時間

ローマの1日は昼が12時間、夜が12時間だ。ここまでは特に問題ないだろうが、新参者が注意すべきなのは、昼間の12時間は夜明けから日没までで計算することだ。夜明けから日没までは、冬は短くなり、夏はかなり長くなる。季節にかかわらず、夜明けから日没までを12時間とする決まりを守るため、ローマでは季節によって1時間の長さが変わる。夏の1時間は冬の1時間より最大で30分も長くなることもある。

多少ややこしいが、心配にはおよばない。時間の経過を把握できるように、さまざまな時間管理の道具がある。一般的なのは日時計で、移動中も使える携帯用の日時計もある。また、特別な目盛り付きの容器に水が落ち、それで時間を測る水時計を買うのもいい。

あまり機械類が好きでないなら、時計代わりに時間を教える奴隷を雇うとか、大プリニウスの助言に従って「人間の眠りを妨げ、人間を目覚めさせて仕事に行かせるために自然が計画した」雄鶏《おんどり》を購入するのもひとつの手だ。だが、鶏の代金を支払う前に、近所の人の承諾を取りつけておいた方がいい。せっかくの目覚まし時計が、首をねじり折られて玄関前に投げ捨てられているのを見たくはないだろう。

あるいは、地元民のように、時間をまったく気に留めないで生活するという方法もある。裁判沙汰を起こして係争中とか、特定の時間に特定の場所に行く必要があるなら別だが、ないのであれば、時間はさほど重要ではないだろう。

ローマの時間に対するのんびりした態度は、ローマ初の日時計の話にもよく表れている。紀元前263年、シチリア島から日時計が寄贈され、誇らしげにフォルム・ロマヌムに設置された。そして、99年後にある賢明な若者が、時計の目盛りの付け方が間違っていることに気づいた。日時計は100年近くもの間、間違った時間を指していたのだ。その間誰もこのことに気づかず、気にも留めていなかったことからも、ローマ人がいかに正確な時間に関心がないかがわかる。

お金

お金は硬貨が使われ、アス、セステルティウス、デナリウス、アウレウスの4種類が流通している。セステルティウスは黄銅貨で4アスに値し、デナリウスは銀貨で4セステルティウスの価値が、アウレウスは金貨で約25デナリウスの価値がある。

新参者を食い物にしてやろうと考える輩《やから》から身を守れるように、お金の価値について少し知恵を授けておこう。パン20斤分の小麦粉には、20デナリウスほど払えばいい。馬に食べさせる干し草は2アス、まともな伝書鳩のつがいは400デナリウス、4分の1ヘクタールの農地は1000セステルティウス、並外れて美しい去勢済みの少年奴隷なら5000万セステルティウスが相場だ。[32]

隣人をだまして、あなたが実際より金持ちだと思い込ませたいなら、その辺にいるドバトをかき集めて飼えばいいだろう。ただし、可愛がっていた甥っ子から、「もう縁を切った」と宣言されてしまうかもしれない。ともかく、ローマでは見かけがすべてなのだ。

交通手段

前述したように、城壁内は昼の間荷馬車の通行が禁じられているので、旅をするには代替手段を見つける必要がある。幸い、ローマは歩いて回ってもさほどきつくない。ただし、舗装道路は非常に混雑しているのでゆっくりとしか進めないし、何を踏んづけるかわかったものではない。となると、輿《こし》を借りるか購入するかした方がいいかもしれない。

輿とは、4本の棒の上にカウチを載せたようなもので、担ぎ手によって運ばれる。履物を汚さずに市内を回りたい人や、貴重な勤務時間を無駄にできない多忙な人にはぴったりの乗り物だ。輿の大きさは、あなたと口述筆記奴隷の体格に合わせて簡単に調節が利くし、柔らかいクッションにもたれたまま重要な書類仕事をさくさくと進められる。だが、あなたがいかに多忙で重要な人物であるかを人々に見せつけたいなら、カーテンを開けておくのを忘れないように。スタイラス［先の尖った棒状の筆記具］を額に押し当てて考え込んでいるポーズを取れば、知的な人だという評判を勝ち取るのに驚くほど効果的だ。

同様に、とびきりしゃれた輿を購入したなら、あなたはきっとカーテンを開いて、持ち主は俺様だと見せびらかしたくなるだろう。

名前

ローマ人の名前には、部外者は大いに戸惑うようだ。名前がひとつの人（女性や奴隷）もいれば、ふたつの人、3つの人、あるいは、1行分の名前を持つ人さえいる（ガイウス・ユリウス・カエサル・オクタウィアヌス・ディウィ・フィリウスに乾杯！）[33]。

ローマ人の名前はたしかに厄介だ。何と言っても、相手にどう呼びかけていいのか判断がつかない。練習するのに最適なのは奴隷だ。名前がわからないときは、男なら「プエル（男の子）」、女なら「プエッラ（女の子）」と呼びかければいい。相手の奴隷が白髪頭で、歯が3本しかなく、ブドウをひと粒隠せそうなほど深いしわがある場合でも、これでいける。少し丁寧に「そこのきみ《トゥ・プエル》」を使ってもいいし、その場にいる他の奴隷と区別するために、外見の特徴をちょっとからかうように呼んでもいい。

男性

男性にとって最も一般的なのは、3つの名前の組み合わせだ。

最初の名前は「プラエノーメン」と呼ばれ、身近な人が使う個人名だ。種類はさほど多くなく、よく使われるのは18くらいである。その中でも人気があるのはガイウス、マルクス、ルシウス、プブリウス、アウルス、ティトゥス、ティベリウスだ。このことは、地元のバーを訪れる際などは心得ておいた方がいい。如何なるときでも、その場にマルクスという名の男性がひとりしかいないことはまずあり得ない。「マルクス、お前の番だぜ、この○○野郎」などと叫ぼうものなら、きっと何人かのマルクスから散々な目に遭わされるだろう。だから、プラエノーメンで呼ぶのはごく内輪の人間だけに留めておくべきだ。とは言っても、息子はほとんどが父親にちなんで名付けられるので、これが当てはまるのはひとり暮らしの家だけになる。

2番目の名前は「ノーメン」といい、家族や氏族を示す。いわゆる名字のようなもので、ガイウス・ユリウス・カエサルのユリウスに当たる。一家の男性はすべて同じノーメンを持つ。

この2番目の名前は、個人を識別するにはあまり役立たない。そのため、ローマ人は3つ目の名前、「コグノーメン」を持っている。コグノーメンは外見に基づく愛称のようなもので、例えば「赤い」という意味のルーファスは、赤毛の男性のコグノーメンに広く使われている。また、子や孫に特に悪意を抱いているなら、ベルルコススはどうだろう。「イボだらけ」という意味だ。[34]では、キケロはどうかと言うと、「ヒヨコ豆」という意味で、有名なキケロ[35]の祖先に当たる人が、残念な鼻の持ち主だった。

めざましい活躍を賞して付けられたコグノーメンもある。地味だったガイウス・ポンペイウスは、東方での軍事作戦の成功によって、ガイウス・ポンペイウス・マグヌス（「偉大な」の意）となった。プブリウス・コルネリウス・スキピオはカルタゴの将軍ハンニバルを打ち破った功績によって、アフリカヌスというコグノーメンを得た。

ローマ人の名前がいかに厄介であるかを示すために、現皇帝一家の名前を検証してみよう。

祖父——ティトゥス・フラウィウス・サビヌス
父親——ティトゥス・フラウィウス・ウェスパシアヌス
叔父——ティトゥス・フラウィウス・サビヌス
兄弟——ティトゥス・フラウィウス・ウェスパシアヌス
従兄弟——ティトゥス・フラウィウス・サビヌスとティトゥス・フラウィウス・クレメンス

皇帝自身——ティトゥス・フラウィウス・ドミティアヌス

誰も彼もティトゥス・フラウィウスだ。それに、息子の名前が父親とまったく同じであることに注目しよう。皇帝になったドミティアヌスが、他のティトゥス・フラウィウスたちと差をつけるために、すぐさま別の名前を付け加えようとしたのも不思議ではない。彼の皇帝としての名前はティトゥス・フラウィウス・カエサル・ドミティアヌス・アウグストゥス・ゲルマニクスだ。カエサルとアウグストゥスは、自分は皇帝であると宣言するために、ゲルマニクスはドイツでの勝利を記念するために加えられた。万が一何かの弾みであなたが皇帝と会うことになったなら、必ずフルネームを使って呼びかけよう。

女性

これから女性にとってかなりひどいことを告げるので、気をしっかり持ってほしい。女性にはひとつ、あるいはせいぜいふたつしか名前は付かない。女性の名は父親にちなんで付けられる。ユリウス・カエサルにはユリアという名の娘がいる。マルクス・アントニウスの娘の名はアントニアだ。アウグストゥスの右腕のアグリッパは、娘にアグリッピナと名付けた。私たちの友人ホルテンシアも、この流れに従い、父親ホルテンシウスにちなんで名付けられた。

男性の場合、次男や三男が生まれると、コグノーメンを変えることもあるが、女性の場合は誰も娘を区別しようとは思わない。アウグストゥス帝には娘がふたりいたが、どちらもオクタウィアと呼ばれていた。マルクス・アントニウスのふたりの娘は、そう、お察しのとおり、どちらもアントニアだ。ふたりのアントニアやユリアを区別するために、姉には「年上の」、妹には「年下の」を付ける。あなたにふたり以上の娘がいても、それはあなたの落ち度であり、私たちにはどうすることもできない。

奴隷の名前

奴隷の名前はひとつだけで、主人が決める。奴隷には、私たちの友人アヤクスのように、ギリシア語の名前を付けるのが一般的で、彼はギリシア神話の英雄と同じ名前だ。他によく使われるのはナルキッソスとパラスだ[36]。男性奴隷の最も多い名前はフェリックスで、幸福とか幸運という意味だ。彼らの立場を考えると、少々残酷な揶揄《やゆ》のように思える。

たまに、不運にもエロチカやエロティクスという名前を付けられた奴隷に出会うことがある。同様に、ネロ帝はお気に入りの奴隷にスポルスと名付けた。これは「種」という意味だが、哀れな少年への下劣なジョークだ。去勢された少年に種はないのだから。

奴隷は解放されると、自分の名前に主人の名前を付け加える。友人のティトゥス・フラウィウス・アヤクスの最初のふたつの名前は、前の主人だった皇帝の名前だ。クラウディウス帝、ネロ帝、ティベリウス帝の元で解放された男性奴隷は、最初のふたつの名前をティトゥス・クラウディウスとする。宮廷に仕えた女性奴隷は、女主人の名前をひとつ自分の名前に加える。こうすることで、家族内の名前にまつわる混乱にいっそう拍車がかかる。家族だけでなく、家にいる解放奴隷も同じ名前を共有しているのだから。

言語

ローマの公用語はラテン語だが、上流階級の大部分はギリシア語も堪能だ。古代ローマでは、どの階層でも識字能力のレベルは高い。その証拠に、今後あなたは壁という壁に、ひどく下品な落書きを目にすることになるだろう。

第1章 社会構造

ローマには社会階級にまつわるさまざまな質問が存在する。例えば、

- 貴族《パトリキ》か平民《プレブス》か？
- 元老院議員か騎士か？
- 自由人か解放奴隷か？
- ローマ市民か非市民か？
- ラテン人か属州民か？
- インファミア［社会的地位・法的権利を喪失した人々］か？

この質問に対する回答で、あなたの生活の大半が決まる。それには税金を払うかどうか、どのような相手と結婚できるか、どのような官職に就けるか、どのような衣服を身に付けることができるかといったことが含まれる。

私たちはローマの社会階級という込み入った世界の案内役として、あなたがうっかり社会的慣習を破って恥をかくことがないよう手助けしたいと思っている。万が一にもトラブルに巻き込まれないように、自分の立場とそれにともなう権利を知っておくことも重要だ。あなたが闘技場で猛獣の前に放り込まれないよう、切に願っている。

古代ローマの社会構造はどうなっているのですか？

頂点には皇帝がいて、その下に元老院階級、次に騎士階級、階級のない一般ローマ市民、自由民（解放奴隷）、そして、一番下が奴隷と女性だ。

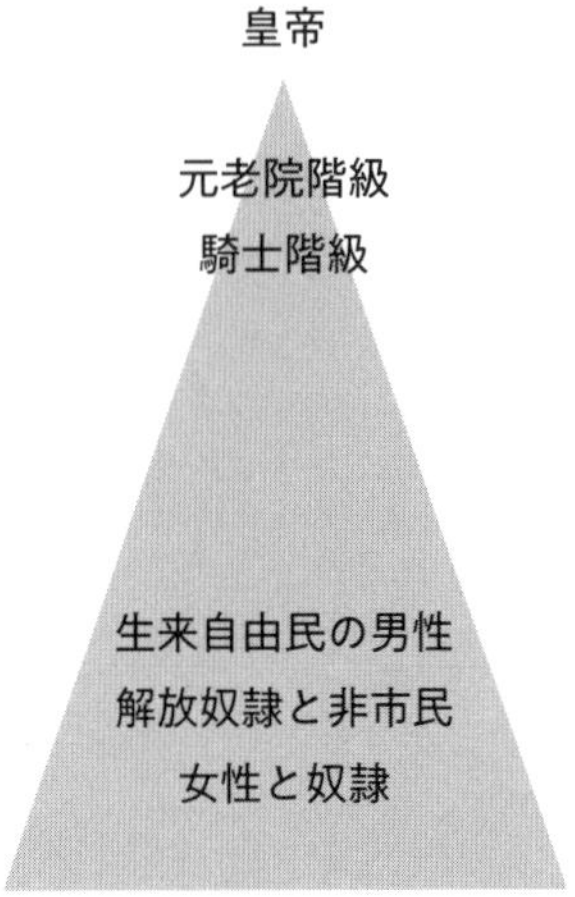

円形闘技場[1]のような公共の場では、社会構造が目に見える形で現われる。女性と奴隷の席は最上段で、元老院議員は血が飛び散るのが見えるアレナ（競技スペース）のすぐそばの席に座る。

他にも、人の階級はトガの紫の縁取りを見ればわかる。元老院議員のトガには赤紫の幅広い縁取りが、騎士のトガには赤紫色の細い縁取りが付いている。それ以外の人々は、折悪しく特別な行事でもない限り、トガのことはまったく気にかけない。

社会階級の下方には自由民がいて、解放奴隷という身分を示すために、フリジア帽［毛糸で編んだ三角帽子。解放奴隷の印とされた］をかぶることが許されている。けれども、どれくらいの頻度でこの帽子がチェックされるのか、また、奴隷が自分でこの帽子を編み、主人の用事で出かけたときに手荒な扱いを避けるために使用するのを妨げるどのような障害があるのかと、いぶかしく思うだろう。

奴隷は服装からは自由民とは見分けがつかない。しかしながら、裕福な家庭の中には、多数の奴隷を所有していることを見せびらかすために、使用人に同じ色のトゥニカを着せたがる家もある。

元老院階級

ローマ人からクルスス・ホノルム[2]と呼ばれる出世の階段で、官職の最高位に就きたいと思うなら、まず元老院階級に入る必要がある。幸い、元老院階級は新規参入が可能だ。出世を目指して、家族の中で最初の元老院議員になる男性も多い。昔の共和政ローマと比べると、帝政ローマは新人にはるかに大きく門戸を開いている。その主な理由は、アウグストゥス帝が即位する前の内戦で、ほとんどの旧家が消滅してしまったことだ。元老院になる資格には、ローマ市民であることも、ラテン人であることさえ必要さえない。クラウディウス帝はガリア人にも元老院議員への門戸を開いたが、この策は伝統主義者にはいまひとつ評判がよくなかったようだ。[3]

アウグストゥス帝とマルクス・アントニウスは、政敵を一掃して自分たちの財政状況を改善するために、2000人のローマの著名な市民を処刑し、その財産を没収しようと考えた。

元老院議事堂

これは良いニュースだが、悪いニュースもある。元老院議員の資格を得るにはお金がかかるのだ。現金と、最低100万セステルティウスの価値がある土地を所有していなければならない。しかも、商売で財産を築くことができない。元老院議員には商業というううさんくさい世界で手を汚すことは許されていないのである。

100万セステルティウスといえば大金だ。実に大きな金額である。どれくらい大金かというと、ローマの軍団兵の年収は1200セステルティウスで、それでも高給だと言われている。

もちろん、元老院議員になると恩恵が得られる。闘技場では良い席に座れる。トガに赤紫色の太い縁取りを付けられる。出世して属州総督になれば、属州の全住民から搾取して、私腹を肥やせる。さらに、皇帝の側近として仕える機会も生まれる。皇帝の側近になるのは、100万セステルティウスを取り戻す最良の方法だ。ローマでは、影響力は売買可能な日用品なのだ。

一方、元老院議員になるマイナス面にも、皇帝との近さは関連する。皇帝との距離が近ければ近いほど、皇帝を何かしら苛立《いらだ》たせる可能性が高くなり、そうなると皇帝はあなたを亡き者にするしか解決法はないと考えるかもしれない。

騎士階級

昔から、騎士とは馬と何らかの関連があり、だからこそこの名で呼ばれているのだと一般的に考えられてきた。だが、騎士とはどのような仕事なのか、誰も知らない。現在では彼らは馬小屋とはほとんど関わりがない。元老院議員とそれ以外の人々との中間的な身分として職務に就いている。

検閲官には、不道徳な行いをした元老院議員を元老院から追放する職権があった。ある元老院議員は、日中公衆の面前で大胆にも妻にキスをしようとしたためにクビになった。

元老院議員は、ローマのあらゆる主要な地位に就き、皇帝を助けて帝国を正しく統治することがこの地位に付随する権利だと考えている。しかしながら、ここ何世代かの皇帝の治世においては、１００万セステルティウスと元老院議員という称号を手にしたからといって、それだけで国の運営や統治がうまくなるわけではないことが明らかになった。

また、元老院階級の中には、皇帝と近くなることは処刑と隣り合わせであることに気づき、頭と首を末永くくっつかせておくために、この職から逃げ出す輩も現われた。[4] その結果、元老院議員がやりたがらない、あるいはできない役職を騎士階級が引き受けている。これは残っている元老院議員にとっ

金持ちは、どれくらい裕福なのですか？

古代ローマには、壮大なスケールの富と退廃によって堕落した都市というイメージが付きまとっている。これは根拠のない話ではない。元老院階級の資格を得るには最低１００万セステルティウスの富が必要だが、それをはるかに超える富を所有する人々がいて、莫大な金額を実にばかげたことに費やしている。

◉ある匿名の人物は、魚のボラ3匹を3万セステルティウスで買った。この買い物があまりに常軌を逸していたため、ティベリウス帝はいくつかの品物の価格に上限を設ける法律を提案した。[5]

◉ゲガーニアという女性は、枝付き燭台に5万セステルティウス払った。

◉執政官カルウィシウス・サビヌスは、『ホメロス』全編を暗唱できる奴隷を10万セステルティウスで買った。彼はまた、別の奴隷を訓練して、同じようにヘシオドスやその他の詩人の詩を暗唱させた。

◉サヨナキドリの値段は多くの奴隷より高かった。1羽の白いサヨナキドリに60万セステルティウス払ったローマ人の話がある。これだけあれば、白いサヨナキドリを探して捕獲するために、500人の兵士を1年間雇うことができる。
◉解放奴隷のガイウス・カエキリアス・イシドルスは、自分の葬式に100万セステルティウス以上かけた。
◉ウィテッリウス帝は陶器の皿1枚に100万セステルティウス払った（さぞかし大きな皿だったことだろう）。

政治家マルクス・リキニウス・クラッススは、自分の年収で1軍団の兵士を扶養できる人だけが、金持ちと名乗る資格があると断言した。

ては腹立たしいことかもしれないが、実際のところ、彼らにできることと言えば、100万セステルティウスの金の山の上にあぐらをかいて、不満を言うぐらいではないか？

騎士階級の資格を得るには、30万セステルティウスが必要だ。やはり大金だが、これでは馬1頭さえ買えない！　しかし、騎士階級は、元老院階級とは異なり、解放奴隷にも門戸が開かれている。そして、皇帝が有能だと思った人を官職に就かせる便利な方法でもある。

騎士階級になるメリットは、元老院議員と同じく闘技場で良い席に座れること、名声、赤紫色の縁取りのあるトガ、そして、皇帝との距離が近くなることだ。マイナス面は、やはり皇帝との距離が近いことだ。処刑される騎士の数は元老院議員とたいして変わらないが、歴史家は一般に、処刑された騎士の名前をわざわざ書き記そうとしない。つまり、彼らは「名誉ある職責を全うした」というレガシーを残せないのだ。

解放奴隷

ひとつの階級として一緒くたに扱われているが、解放奴隷にはさまざまな種類と階層がある。例えば、宮廷内の職に任じられ、皇帝に仕えた経歴を持つ解放奴隷と、農場労働者として毎日堆肥をかき集めていた解放奴隷とでは共通点はほとんどない。それでも、よく考えてみると、やはり類似点はいくつかあるようだ。

奴隷制度のある古代社会の中で、ローマは多くの奴隷が金で自由を買うことができたという点で異色であり、多くのローマ人にとって、奴隷は一時的な地位だった。だが、明らかに思い起こしたくない地位だった。このことは、ローマの文学には、奴隷や解放奴隷の発言がほとんど記されていないことからもわかる。[6]

膨大な数の奴隷が解放されて、解放奴隷という大人数の階級が生まれた。彼らは一定の官職からは閉め出され、兵役に就くことができず、騎士階級や元老院階級の女性との結婚も禁じられている。とは言っても、上流階級と解放奴隷との間に何の関係もなかったわけではない。ウェスパシアヌス帝の長年の愛人は、宮廷に仕えていた解放奴隷のアントニア・カエニスだ。正式には結

皇帝ネロは解放奴隷のアクテとの結婚を強く望み、結婚を合法的なものにするために、ふたりの元老院議員に賄賂を贈って、アクテは貴族の出自だと言わせた。だが、ふたりが結婚することはなかった[7]。

婚できなかったが、ウェスパシアヌス帝はアントニアを妻として処遇した。しかし、解放奴隷はローマ市民になれたし、ビジネスを経営し、騎士の階級を手に入れることもできた。

私たちが最も頻繁に耳にする解放奴隷の噂は、宮廷に仕える解放奴隷のもので、たいていは悪い噂だ。彼らは皇帝所有の解放奴隷だ。宮廷に仕える解放奴隷に関する噂からは、ねたみや俗物根性の臭いがする。元奴隷のくせに権力を持つ地位に就き、元老院階級並みの富を手にしていることに、人々は反感を抱くのだ。

きわめて不公正だ。ドミティアヌス皇帝陛下は良家の出自ではなく、実際に能力を持つ者を昇進させたいと強く願われている。皇帝に仕える解放奴隷が有能であることは、私たちの落ち度なのだろうか。私たちの優れた能力を、常に皇帝をお助けするために使わないことこそ罪ではないだろうか。

元老院議員の問題点は、彼らには皇帝に対して陰謀を企てたり、自分たちの権利を主張することにかまけたりする傾向があると気づいていないことだ。彼らが幾分厄介な存在になっているのは、そのせいだと言えるだろう。一方、請願担当執務室で働く有能な奴隷は、いつも訪問者を紫のマントと花冠を身に付けた貴人のように遇している。彼の方がはるかに称賛に値する。

ティトゥス・フラウィウス・アヤクス

アヤクスが言明を避けているので指摘しておくが、宮廷に仕える解放奴隷も、場合によっては皇帝の暗殺を企てることもある。しかも、元老院の同輩たちより手並みははるかに鮮やかなはずだ。[8]

奴隷と女性

解放奴隷ガイウス・カエキリアス・イシドルスは4116人の奴隷を所有していた。さらに、25万7000匹の牛と現金6000万セステルティウスも所有していた。

女性は認められている権利が明らかに少ないため、公式な身分は解放奴隷より下になる。法的には、奴隷も女性も他者の庇護《ひご》の下にあり、自分で決断を下す権利は認められていない。女性の場合は、この取り決めがどこまで実践されているかは大きな疑問だが、奴隷は実際に自分の意志を示さず、主人の意のままになるしかない。これはまったくもって不愉快なことだが、前にも述べたように、奴隷は解放の手続きを踏めば、奴隷の身分から抜け出す機会が与えられている。

残念ながら、女性にはこうした状況を改善するための手段はない。それとも、手段はあるのだろうか？　大プリニウスは「女性が男性へ変化するのは神話ではない」と断言している[9]。こうした変化を、プリニウス自身も目にしたと述べているのだ。だから、古代ローマの女性には性転換という手段を使って、権利が制約された生活から逃げ出せる機会があるのは間違いない。ただし、この方法にあまり大きな期待をかけないよう警告しておきたい。

インファミア

社会的序列では、奴隷のさらに下にインファミア（汚名）という階層がある。奇妙なことに、この階層にはローマでかなり名の知られた人々も属している。インファミアはタブーとされる職業やうさんくさい仕事に就いている人々で構成されていて、その中には売春婦、ダンサー、俳優、剣闘士などが含まれる。

また、社会的に容認されない振る舞いをした人も、この階級に放り込まれる。インファミアは究極の社会の恥部であり、法的権利もほとんど持たない非市民だ。こうしたことから、インファミア以外のローマ人は、優越感もあらわに彼らを見下すことができる。実際のところ、人間誰しも見下す対象を欲しているのだ。

しかしながら、タブーの匂いに引き寄せられたり、社会的脱落者となる危険を冒してまで情事に走ったり、インファミアとの親密な関係を「匂わせ」て社会をあきれさせて喜ぶ人間がいる。

女性は剣闘士とちょっと親しくなるとのぼせ上がってしまう。男性は女優と見れば見境なく口説こうとする。現皇后でさえ、インファミアである俳優のパリスと不倫関係に陥ったくらいだ。

ドミティア皇后の振る舞いについては、口が裂けても決して口外しない、書き記さない、それどころか、頭で考えもしない分別を持つべきだ。このことはいくら強調してもしすぎることはない。皇帝は、皇后が不倫の結果追放されたあと、再び戻って来たときには温かく迎え入れたが、まだ腹の虫は収まっていないように見えるからだ。最近パリスに少し似ているというだけで処刑された男がいることからもわかる。

ローマの社会階級に関して、他に知っておくべきことはありますか？

巷《ちまた》で貴族《パトリキ》とか平民《プレブス》という言葉がささやかれるのを耳にしたことがあるだろう。自分はどちらだろうと考えているなら、答えは簡単だ。あなたは間違いなく平民だ。

元々の区別の基準は誰も知らないが、貴族はローマ建国以来ほぼずっと、支配的な地位を切望するか、保持してきたように思える。我こそは国を統治するにふさわしい賢明な人間であり、それゆえに統治を託されてしかるべきだというのが彼らの主張だ。

超上流階級の貴族の家系に生まれたプブリウス・クロディウスは、平民の家庭の養子になることで階級を変え、晴れて護民官に就任した[10]。

過去に平民がこれに異議を唱え、多少権力を握った一触即発の時期も何度かあった。平民から選出される護民官という官職が設置されたが、共和政時代には、護民官が殺される割合は、残忍な殺人の平均的発生率より高かった。現在では当時ほど物議を醸すことはなくなっている。由緒ある貴族の家系はほとんど絶えてしまったため、今日の元老院階級は貴族よりは平民に近い。現皇帝ドミティアヌスの父親は平民だった。となると、貴族であるメリットは、結局は自慢する権利だけになる。

市民と非市民はどこが違うのですか？

ローマ市民という身分でも、常に最悪の状況を免れるわけではない。69年の内戦の際には、ガルバの副官だったイケルスは、解放奴隷の身分であるにもかかわらずはりつけにされた。

これは難しい質問だ！　市民と木の板はどこが違うのかと尋ねられるほうがまだましだ。それなら、答えはこうだ。ローマ市民は文明のあらゆる喜びと権利を享受しているが、木の板は享受していない。

ローマ市民になれば、自然と名誉と優越の魅力が備わる。また、鞭打ちやはりつけの刑、拷問が免除される。今日の物騒な世界では、この特権は持つ価値がある。また、皇帝に嘆願する資格もできる。皇帝がその嘆願書を開くという保証はないが、皇帝に言いつけるぞと脅せるのは悪くない。

ローマの社会階級間での対立はありますか？ 下層階級の人々が反乱を起こしたりしないのですか？

社会階級で大きな差があるとしても、あなたが思っているほど対立は多くはない。とは言っても、家柄のいいローマ人はスパルタクスの名を聞くと震え上がる。[11]

支配階級の政策に不満を持つ下層階級は、しばしば昔ながらの暴動を起こしてうっぷんを晴らす。専門的な組織が関わっていない限り、よくある政治活動として一蹴《いっしゅう》される。

階級間の対立を止めるのは、アミーキティアと呼ばれる社会的な潤滑油だ。これは「友情」と訳されるが、少し意味が異なる。より正確には「あなたが私の背中を掻いてくれるなら、私もあなたの背中を掻《か》いてあげましょう」という関係だ。つまり、親切な行為にはお返しをするという、めくるめく親切の応酬を意味する。そして、その中心にあるのが「パトロヌス（保護者）・クリエンテス（非保護者）」の関係だ。

パトロヌスは社会的地位が高く、クリエンテスはその友情から得られる恩恵を期待して傘下に入る。同様に、パトロヌスもクリエンテスから何らかの方法で恩恵が得られると期待している。

当然、社会階層が高ければ高いほど、パトロヌスとしての価値は上がるので、クリエンテスにとっては競争相手が多くなる。ひとりのパトロヌスが数百人のクリエンテスを抱えていることも珍しくなく、特に大勢の奴隷を所有している人はそうなる。奴隷は解放されると自動的に元主人のクリエンテスになるからだ。解放奴隷は元主人が望むなら、どんな奉仕でもすると思われている[12]。それゆえ、奴隷という身分から解放されたからといって、必ずしも自由になれるわけではないのだ。

私たちの友人アヤクスの場合、パトロヌスは彼を解放してくれた皇帝だ。だが、皇帝には宮廷に出仕していた解放奴隷が何千人もいるので、アヤクスがパトロヌス・クリエンテス関係で果たすべき義務は多くの解放奴隷ほどきつくない。それでも、皇帝の元奴隷として宮廷とのコネがあるので、アヤクスはパトロヌスとして大変魅力的だ。

クリエンテスにはどのような義務があるのですか？

パトロヌスが望むことはすべてやる義務がある。クリエンテスの1日は、パトロヌスにどんな御用があるか朝の伺候《しこう》に向かうことから始まる。人気の高いパトロヌスなら、整然と長い列に並ぶ覚悟をしておこう。パトロヌスはアトリウム［天窓のある広間］に座って、クリエンテス全員の挨拶を受ける。その後は、パトロヌスが公務に出かける日なら、クリエンテス全員が元老院議事堂または法廷まで歩いてお供をする。このようにお供を引き連れて歩くことにより、パトロヌスは自分にどれだけ人気と影響力があるかを誇示するのだ。加えて、路上強盗に襲われる危険度も下がる。

クリエンテスはどのようにして恩恵を受けるのですか？

うまくいけば、クリエンテスはパトロヌスの影響力を通して、重要な仕事なり何なりを得ることで恩恵を受けるだろう。また、よくあることだが、パトロヌスの夕食のテーブルに着いたときに、供される料理の種類や質によって、自分がクリエンテスの中でどの位置にいるかがわかる。その上で、こんな粗末な食事では、朝早く起きて馳《は》せ参じる努力に見合わないと判断するならそれもいいだろう。

アミーキティア

皇帝に仕える解放奴隷の中でも重要人物として[13]、私の皇帝への影響力を利用したいと望む個人からしばしばアプローチを受けます。私は他のささいな依頼を後回しにして、あなたの陳情に迅速に対応できます。あなたの決して上出来とは言えない詩を、就寝前の読書用に皇帝に差し出すことができま

す。皇帝陛下に、あなたがどんな地位でもいいから世話してもらえたら有り難いと言っていたと、遠回しに伝えることができます。

こうした依頼を非常にたくさん受けるので、私なりの優先順位付けの基準を考え出しました。それは、「私にどのようなメリットがあるのか」です。

メリットは必ずしも金銭的なものとは限りません（もちろん、現金はいつでも大歓迎ですが）。それよりも、「私が知り合いになりたいと思うのは、そうすることが将来役立つと思えるから」なのです。私があなたの依頼を引き受けるのは、それが交換条件として使えると思うからです。例えば、10年後に、私があなたの叔母の夫が売りに出している土地を購入したいと思ったとします。私はあなたに、義理の叔父さんに私を買い手として推薦する手紙を書き、私がこれまで数多く聞き届けたあなたの頼みをすべて書き連ねて、私のローマ市民としての価値を証明してもらえないかと持ちかけることができます。

同様に、もし私の孫息子が官職に野心を持ったなら、私はあなたの人脈を通じて、孫の名前を護民官に任ぜられるのにきわめてふさわしい若者として広めてほしいと頼めるのです。[14]

第2章 家族

ローマ人は昔も今も家族愛が強く、先祖も子孫と同等に大切にする。裕福な家族は、豪邸のアトリウムに亡くなった親戚のデスマスクをずらりと飾り、訪問者に自分がどれほど優秀な家系の出であるかを印象付けようとする。毎年2月には、先祖への敬意を表するために、パレンタリアの祭りが執り行われる。

ユリウス・カエサルは親戚自慢も人並み外れていた。自分は女神ウェヌス(ヴィーナス)の子孫だと主張したのだ。

ローマ人の著述家スエトニウスは、ローマ皇帝の伝記の冒頭に、各皇帝の家系の徹底的な考察を掲載している。政治的な駆け引きの常套《じょうとう》手段は、敵方の先祖を中傷することだ。例えば、マルクス・アントニウスは若きアウグストゥスに向かって、曾祖父は縄作り職人だと言って愚弄した。

現皇帝も家族を重要視して、家族を保護するために一連の道徳法の作成を命じた。要約すれば以下のようになる。

結婚=良し。

子だくさん＝良し。

結婚して多くの子どもをもうける以外のすべてのこと＝悪しであり、最近のローマの良くない点はすべてこれに起因する。

ローマ人は、男女ともに道徳的に非の打ちどころがなく、ローマ以外の世界の堕落に汚されていない黄金時代があったと固く信じている。この高い道徳性ゆえに、共和政時代の輝かしい征服が成し遂げられ、ローマ帝国が築かれたのだ。道徳的に堕落した現在もローマ帝国は存続し、それどころかさらに拡大しているが、それでも、この古き良き時代への熱狂が冷めることはない。

独身に対する罰則は、女性は20歳、男性は25歳から課せられる。罰則から逃れるために、思春期前の少女と結婚する男性もいた。

あなたもたまには離婚率の高さを嘆いたり、田舎に小さな農場を所有したいと口にしたりして、この熱狂に付き合うことを勧める。ただし、そんなまっとうな暮らしには、背骨が折れそうな重労働が付いてくる。

ローマ人の家族とはどのようなものですか？　現代の家族とどこが違うのでしょう？

ひとつの家庭には、父親、母親、子ども、親戚、それに、もちろん所有する奴隷がいる。ローマの家族が大きく違う点は、パトレス・ファミリアスと呼ばれる家長に認められた法的権限だ。家長は男性に限られ、家族の富や財産に責任を持つ。

パトレス・ファミリアスはどのような権限を持っているのですか？

あらゆる権限だ。成人した者も含め、家族全員に対し生殺与奪の権利を持っている。家族全体の財務状況を管理し、成人した子どもも管理下におかれる。子どもの結婚相手を選び、もし義理の息子や娘がきわめて不愉快な人間だった場合は、結婚を解消する権限もある。

家族の誰かが罪を犯したら、罪にふさわしい罰を与える。パトレス・ファミリアスには、自分の基準に従わない家族がいたら、法律上は殺害することさえ認められている。[1]

あまり残酷でない話をすると、パトレス・ファミリアスにはその家の神殿を維持し、家庭の守護神ラレスを祀《まつ》るという重要な役割がある。

どれも恐ろしい冗談としか思えない。比喩的な意味でも実物でも、全員に大なたを振るうのはさぞ気分がいいだろう。家族全員の財産管理を含め、権力を持つとはこういうことなのだ！

だが、もう少し深く掘り下げてみると、パトレス・ファミリアスになるの

エグナチウス・マエテンヌスは、妻がワインを飲んだために殴り殺した。また、ワインセラーの鍵を盗んだせいで、家族に餓死させられた女性もいる。

も考えものだと思えてくる。たしかに、失望ばかりさせられる成人した息子を鞭打ったとしても、法的にも道義的にも問題はない。しかし、そうしたからといって、息子は絶大な権力を持つパトレス・ファミリアスに屈服するだろうか。そうはいかないことを示す例がいくつかある。

マルクス・サルウィウス・オトは紀元69年に、短期間ではあるが皇帝の座に就いた。若い頃はひどい乱暴者だったので、彼の父親は息子を鞭打つことを決断した。これは道を踏み外した行動を改めさせ、信頼される大人になるよう正しい道に引き戻すための正当なローマの罰則だった。だが、まったく効き目はなかった。オトの乱暴な行動は弱まることなく続き、のちに親友ネロの、輪をかけて乱暴な振る舞いに感化されてエスカレートした。[2]

また、護民官クリオの父は、息子が友人のマルクス・アントニウスから悪い影響を受けるのを恐れて、ふたりの友情を阻止しようとした。強く説得しても効果はなかった。アントニウスを家から追い出しても、玄関に警備員を置いてアントニウスが息子に会えないようにしてもだめだった。聞くところによると、クリオの父親はベッドに腰掛けてむせび泣いたという。とても全権を掌握した家長の振る舞いとは思えない。

成人した息子への責任感に苛《さいな》まれるのなら、パトレス・ファミリアスはもはや恩恵というよりは重荷である。上流階級の家庭では、息子が最初の官職に就くのはたいてい25歳前後だ。つまり、まだ仕事に就かず、暇を持て余している裕福な家庭のおぼっちゃまが大勢いるということだ。

例えば、カリグラ帝は若い頃、ローブとかつらを身に付け、町へ繰り出して楽しんだと言われている。オトの鞭打ちに値する、若さにまかせた無分別な行動の中には、酔っ払いと女性を毛布にくるんで町を練り歩き、ティベリス川に投げ込んだというものもあった。また、キケロによると、マルクス・アントニウスは若い頃に女装して、売春をしていたそうだ。

若者の余暇の過ごし方には、もう少しましなものもある。例えば、戦車競走、レスリング、競技大会の観戦。あるいは、これらに大金を賭ける。これなどは、家族全員の財政状況——借金も含め——に責任を負ってくれるパトレス・ファミリアスが存命なら、いっそう魅力的な暇つぶしではないだろうか。

ウェスパシアヌス帝の母親は、やる気にあふれた兄と彼を常に比較して、彼に皮肉を言い続けた。それが彼に早く官職に就こうという意欲を起こさせた。

奮闘したパトレス・ファミリアスの最たる例はアウグストゥス帝だろう。アウグストゥスは家族を政策の目玉にした。一連の道徳法を制定し、それには3人以上子どもを持つことへの奨励、結婚しない者への罰則、姦通者への厳罰が含まれていた。

自分の家族を見習うべき模範として誇示し、娘ユリアへの厳しい教育方法を手本として公開した。[3]アウグストゥスはユリアの3人の夫をすべて自分で選び、結婚のお膳立てもした。最初の夫はユリアの従兄弟マルケッルス、2番目の夫は父親の右腕のアグリッパで、ユリアより20歳以上年上だった。3人目の結婚相手は義母の息子に当たるティベリウスだった。

同様に、アウグストゥスは男性の親戚の人生も差配した。若いときから官職に任命し、終生国

ワンマンな道徳マシン、アウグストゥス・カエサル

に仕えるのが務めだと言い聞かせた。そして、これが家族を統率する正しい方法だと世間に宣言した。伝統的なパトレス・ファミリアスの役割とはこういうものなのだ。

だが、当然ながら、すべて思うような結果は出なかった。娘のユリアは、贅沢な暮らしにどっぷり浸かりながら、父親に向けて全面的に反乱を企てた。彼女は「ちょっとしたお楽しみ（不倫）」を重ね、「頭の固いローマ人からは、女の面汚しだと思われるでしょうね」と言い歩いた。

その頃アウグストゥスの義理の息子に当たるティベリウスは、重職に就いて国に滅私奉公するのはもうたくさんだと心を決めた。また、こちらの方が重要なのだが、ユリアとの結婚生活にもうんざりしていた。そして、休暇を取ってロドス島へ隠棲《いんせい》してしまったのだが、これにアウグストゥスは激怒した。

ユリアの向こう見ずな行動はほどなく父親の知るところとなり、ロドス島よりはるかにみすぼらしい島へ追放された。数年後、ユリアの娘(名前は同じくユリア)もほぼ同じ理由(快楽を好み、機織りのような地味な手仕事を嫌う)で追放された。アウグストゥスは、「結婚などしなければよかった。子孫など残さずに死ねばよかった」と言い放ったと言われている。

もちろん、アウグストゥス自身も貞操の模範とは程遠い人物だったのは言うまでもない。繰り返し不貞をはたらいて妻リウィアを裏切り、70代になっても少女の処女を奪うのを楽しんでいたと言われている。

古代ローマで女性はどのような状況に置かれているのですか?

女性は貞淑で、忠実で、気品があり、控えめで、献身的であることを求められている。また、せっせと機織りをすること、あるいは、少なくとも、来客があるときだけは機織りをしているふりをすることが求められる。

女性の人生の最大の目的は子どもを産むことだ。そのため、投票権も、官職に就くことも認められず、国教における役割も限られている。ローマは軍隊を必要としており、将来の新兵を生み出すための時間を減らす可能性があることはすべて、非常に良くないと見なされている。

古代ローマでは、姦通で罪に問われるのは女性だけだ。男性は姦通罪では起訴されない。夫には不貞をはたらいた妻との離婚が義務付けられている。

また、女性たちは闘技場でも、苛立たしいほど後ろの席しか与えられない。しかし、戦車競技場ではこのような分離は行われない。このことは留意しておこう。詩人のオウィディウスは、戦車競技場は若い娘をナンパするのにもってこいの場所だと強く勧めている。ナンパが成功すれば恩恵を感じるだろうが、失敗すれば、やはり不道徳な行為が制限され、女性専用席のある円形闘技場の方がいいと思うかもしれない。

法律も女性に財務状況を監督する後見人をつけるよう求めて、女性を不利な立場に置いている。後見人は何にでも首を突っ込んできて、女性が貞淑で、忠実で、気品があり、控えめで、献身的であるか監視しようとする。ひょっとしたら、機織り機に指を走らせ、ほこりがたまっていないかチェックするかもしれない。

アウグストゥス帝のもとで制定された道徳法は、こうした昔ながらの信念を法制化したものだ。この法律のもとでは、不倫が発覚した女性は追放され、地位も売春婦と同等のところまで下げられたので、ローマ市民とは再婚できなくなった。また、相続や遺産で利益を得る対象からも除外された。

結婚しない人々にも、未婚の男女への追加の課税という形で罰則が設けられている。

古代ローマでは離婚は比較的簡単で、男女どちらからでも申し立てができる。ただし、その結婚で子どもが生まれていたら、父親と暮らすことになる。

ローマ人は女性の役割をロマンチックにとらえているが、日がな一日家にこもって下着のパンツを織り続ける心構えができていない女性はた

古代ローマで、女性として生き残る方法

そう、たしかに古代ローマの女性にはいろいろと制約があるわね。でも、必要以上に自分を抑える必要はないの。女性としての人生をそれなりに楽しんで生きる秘訣をお教えしましょう。

「奴隷をひとり雇う」。もちろん、10人でもいいのよ。ご近所にあなたの裕福さや地位を見せつけられるだけでなく、自由時間を増やすことができるわ。奴隷が家事や機織りをやってくれている間に、あなたはお店や、闘技場や、戦車競技場《キルクス》、あるいは恋人の家に出かけましょう。

「子どもを3人以上産む」。とりあえずは3人（解放奴隷なら4人）で大丈夫。ローマ市民の出生率を上げようとしたアウグストゥス帝は、子どもを3人産んだ女性に対して報奨制度を設けたの。この報奨制度の中で最高なのは、詮索好きでうるさい後見人を永久に厄介払いできること！

「売春婦として登録する」。そこまでやらなくてもと思うでしょうが、こうすれば姦通法に抵触することなく、好きな人と情熱的な恋愛を楽しめるのよ。ところが、残念なことに、騎士

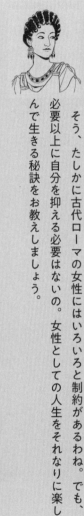

階級や元老院階級の娘や孫娘は、この大きな特権を利用できないの。おそらく、これが魅力的な抜け穴だとわかったために、人の楽しみに水を差したがる陰気なティベリウスが、たちまちこの策略を使えなくしてしまったのよ。でも、平民であるあなた方には、こんな制約はありませんから。

「ウェスタの巫女になる」。ウェスタの巫女には、大きな恩恵がいくつもあります。後見人をつけなくてすむだけでなく、闘技場では他の女性とは違って最前列に座れるの。それから、リクトル［ファスケス（斧のまわりに木の束を結びつけた武具）を携えてウェスタの巫女を警護する役職］を従えて、厄介な者たちを追い払えるわ。これはローマのようなひどく混雑した町を歩くときにとっても便利よ。それに、何よりも2頭立ての馬車に乗ってローマの町中を駆け回ることができるの。これは信じられないほど快適で気分がいいわ。

ファスケスを携えてウェスタの巫女を警護するリクトル。

「自分に合った結婚の形を選ぶ」。この秘訣は私自身、最初の2回の結婚をするときに理解しておけばよかったわ。マヌス婚（父権帰属婚）の場合、花嫁は自分の父親の家族から離れて新しい夫の家族に属するけど、非マヌス婚では、花嫁は自分の父親の家族の一員のままなの。非マヌス婚はとても道理にかなった制度だわ。自分の愛する父親が立派な人なら、どうして父親の行き届いた庇護のもとから出たいと思うでしょう。それに、父親とは別の家で暮らすのだから、あなたと新しい夫は父親の小言や支配を（ほとんどの時間は）受けずにすむわ。また、父親があなたの法定後見人でいてくれれば、新しい夫の家族に、あなたの望み通りの生活ができるよう確約させ、あなたの財産に手を付けるのをやめさせることもできる。一方、自分の父親とあまりうまくいっておらず、他の親戚もどうしようもない人間ばかりなら、そこから逃げ出す良い機会として、マヌス婚を選ぶといいでしょう。

くさんいて、まるでミニ軍団のような生活からちょっと抜け出したりする。ただし、ローマを訪れる女性は、女性のすることなすことにいちゃもんをつける男性が大勢いるので、心の準備をしておいた方がいい。

ローマの詩人ユウェナリスは、教育を受けた教養ある女性が、聞いたこともない詩人の詩句をペラペラと引用するのを延々と嘆いている。また、女性が晩餐会で知ったかぶりをして、ウェルギリウスとホメロスを比較するのにも辟易《へきえき》している。訴訟を起こしておいて、執政官《コンスル》に向かって法律の専門用語について講釈を垂れるような女性は言わずもがなだ。こんな高慢ちきな女性が、執政官より法律を知っているはずがない。[4]

奴隷はどのような扱いを受けるのですか？

奴隷はローマ人の日常生活に欠かせない存在なので、あなたも慣れてほしい。奴隷の扱いに心を痛めることは多いが、廃止についての議論はまったく行われていない。

奴隷は主人や女主人の気まぐれに支配され、どんな法的権利も持たない。訴訟事件における奴隷の証言が有効なのは、拷問によって引き出された場合のみだ。奴隷が暴行や強盗に遭うと、器物損壊と見なされる。奴隷の所有者はその損害に対し賠償を請求できるが、奴隷自身は何の賠償も受け取れない。

アウグストゥス帝は手紙の内容を漏洩した罰として、奴隷の脚を折らせた。

奴隷は法律上は結婚できない。子どもが生まれると主人の所有物になり、奴隷は一切口出しできない。主人が子どもを売ると決めても、やめさせる手立てはない。奴隷は日常的に、殴られたり鞭で打たれたりして体罰を受ける。人生のどの面においてもまったく自主性を持たず、常に売り飛ばされるのではないかという恐れが頭から離れない。

こういった話を聞くと、暗たんたる思いになるかもしれないが、紀元95年現在、多くの奴隷の待遇は過去数世紀と比べるとわずかながら向上しているので、安心してもらいたい。[5] 皇帝たちは、奴隷に対する目に余る虐待を制限する法律を制定した。例えば、クラウディウス帝は老いて病気になった奴隷を、もう役に立たないからといってお払い箱にするのを禁止した。現皇帝ドミティアヌスは少年奴隷の去勢を禁止したが、それにより数が限られる去勢済みの奴隷で奴隷商人が利益を得ることができないように、「去勢済み」の奴隷の値段を固定した。

奴隷の扱い方には、所有者の人間性が大いに反映されると見なされている。教養と見識のある所有者なら暴力を使う必要はなく、使用人の敬意が得られるだろう。奴隷をあまりに厳しく罰した人は、次回フォルム・ロマヌムを歩いているときに、他人から非難がましい目で見られるかもしれない。[6]

しかしながら、逆もまた真実だ。奴隷の振る舞いから所有者の人間性がうかがえる。このバランスを取るのが難しい。必要以上に無慈悲な人だとは思われたくないが、傲慢で粗暴な奴隷の所有者にもなりたくない。

私も奴隷を所有することになるでしょうか？

ローマにやってきたことを人々に知らせたいなら、奴隷を所有することは、到着を人々に知らせるひとつの方法だ。生活が一定レベルの豊かさに達したなら、奴隷を買うことを強く勧める。だが、人ひとりを食べさせ、きちんとした衣服を買い与えるだけの経済力があるかどうかを確認しよう。

奴隷はとても役に立つ。部屋をきれいに掃除してくれるし、日用品の買い出しを頼めるので、あなたはベッドの中にいられる。お金に少し余裕があれば、読み書きのできる奴隷を買うといい。奴隷に本を音読させながら夜の時間を過ごすのは、とても快適だ。読み書きのできる奴隷がいれば、厄介でお節介な親戚からの手紙の処理も任せられる。

奴隷を買うなら、軍事行動のあとが狙い目だ。奴隷市場が捕虜であふれているからだ。しつけやすく、従順で自分の立場をわきまえているという理由で、家内出生奴隷（自分の女奴隷から生まれた奴隷）を好む人もいる。

一方、北部の蛮族が住む地方出身の奴隷は頑強でよく働くと知り、よその国から来た奴隷を好む人もいる。派手な服装をして、はるか東方からやってきた珍しい風貌の奴隷を連れ歩き、おのれの富を見せびらかす下司《げす》なやつらもいる。だが、誰もが知っていることだが、東方の風土で育った奴隷には怠惰で意気地なしが多い。[7]

子どもについてはどうですか？

言うまでもなく、どの家庭にとっても、子どもは文字どおりボーナスだ。なぜかというと、ドミティアヌス帝の道徳法により、子どもが3人いれば税控除が受けられる。子だくさんの家庭は、常に目にみえない皇帝の慈悲が降りそそぐのを感じているに違いない。

避妊の有効性には限界があるので、ある時点で何人かの子どもを授かる可能性が高い。子どもを持つメリットとしては、ある年齢に達すると何かと役に立つことが挙げられる。自分でやりたくない雑用はすべて子どもに言いつけて、使いに出せばいい。奴隷を所有しているようなものだが、ヤツメウナギのようにつかみどころのない言葉を並べる怪しげな商人に、しぶしぶ金を払わなくてすむ。また、子どもにちょっとした賃仕事をやらせるのもまったく問題ない。このことからも、子どもは奴隷よりはるかに有用だと言える。結局のところ、奴隷は金がかかるわりに、その見返りとしての利益をもたらさない。

とは言っても、奴隷と同様、子どもにはひどく腹立たしい思いをさせられることがある。だから、子どもが生まれたときに、その子には育てる価値があるかどうか少し考えてみるといい。だが、生まれたての赤ん坊を見て、気難しいとか度を越した怠け者になるとか判断するのは容易ではないので、元気が良くて健康かといった別の要素に目を向けよう。

赤ん坊の手足が正常に動いているか、刺激に反応するか、勢いよく大きな声で泣くか、体格は正常かを確認する。[8] 病気や障害を持っている赤ん坊、さらに不運なことに女の子であれば、[9] とても普通の家庭では賄い切れないほど金がかかる。そのため、その赤ん坊を育てるか遺棄するかはパトレス・ファミリアスの判断に委ねられる。遺棄すると決まったなら、望まれない赤ん坊は家から最も近いごみ捨て場か貯水槽に置き去りにされることが多い。

何が言いたいかというと、赤ん坊が遺棄される理由は、死亡だけではないということだ。神話には、遺棄された子どもが親切な羊飼いに救出されて、自分の子どもとして育てられ、大人になって胸躍る冒険を繰り広げるという物語が数多く見られる。

しかし、言うまでもないが、こうした冒険譚の結末が、ローマ建国者ロムルスと同じようになるとは限らない。ギリシア神話にある捨て子のオイディプスは家族と再会するが、決してよい結末にはならず、実の父親を殺し、母親と結婚することになってしまった。同じくギリシア神話の英雄パリスは羊飼いに育てられたが、王室の実の家族と再会したとき、これ以上ないほど極端な体験をした。故郷の町トロイアとその文明を破滅に導いたのだ。

捨てられた子が栄光への夢にしがみつくのは無理もない。捨て子の多くは奴隷となるが、その夢があるから奴隷としての人生を耐え抜いていけるのだろう。また、遺棄された子どもは、奴隷制度維持のための供給源でもあった。

子どもの教育はどうなっていますか?

古代ローマには決まった校舎はない。教師が決めた場所で授業を行う。戸外の道端やポーチコ［屋根のある玄関ポーチ］（突然の暴風雨でも濡れずにすむ）で行われることが多い。こうして公衆の面前で自分がいかに優秀な教師であるかを見せびらかすのは、新しい生徒を呼び込むにはよい方法だが、地元住民にしてみればかなり迷惑な話で、もう少し平穏で静かに暮らしたいと思っていることだろう。

教師として最も優秀なのはギリシア人とされ、体罰は学習を進めるのに有効だと容認されている。上流階級の子どもの多くは、家で奴隷から教育を受ける。例外として興味深いのは、気難しい老政治家の大カトで、彼は自分で息子の教育を行うと決めた。読み書きの他に乗馬などの技術も教えたらしい。激流の川を泳いで渡る方法も教えたのであれば、大カトの授業はあまり楽しいものではなかったように思える。

その後、少年たちは政界に入る準備として、演説法と政敵への侮辱の言葉を考え出す技術を学ぶために弁論学校へ通う。また、哲学に関心がある少年は、哲学をさらに深く学ぶためにギリシアへ留学する。だが、本当の理由は、皇帝には哲学者から不愉快な思いをさせられると、彼らをローマから追い出す習性があるからだ。[10]

子どもがほしくない場合、妊娠を防ぐためにはどうすればいいですか？

古代ローマでは、家族計画はかなり普及していて、非常にうまくいっている。そのため、歴代の皇帝はいまいましい道徳法を制定して、何とか出生率を上げようとしているのだ。避妊法としては、以下のようなものが用いられている。


◉茹《ゆ》でたラバの睾丸をヤナギの樹液と混ぜたもの。

◉ハゲワシの糞。

◉性交前にネズ［ヒノキ科の針葉樹］の実の油をペニスに塗る。

◉性交のあとスクワットをしてくしゃみをする（女性）。

◉ハチミツかオリーヴオイル、またはワニの糞に浸した毛織布を膣に入れる。

◉雌ライオンの子宮の一部を象牙製の筒に入れて身に付ける。

◉特定の毛深いクモの頭を切開すると、中に小さな毛虫が2匹いるので、それを女性にくっつける。

これらの方法が特に好ましい、あるいはセクシーだと思えないなら、もっと確実な家族計画法を試すべきかもしれない。例えば、妻ではなく奴隷とセックスするのもひとつの方法だ。[11]

ローマ人はペットを飼っていたのですか？ ローマ人もペットを家族の一員だと考えていたのでしょうか？

犬はローマ人のベストフレンドだ。あの世へ旅立った毛むくじゃらの友人を悼む多くの碑文が、このことを証明している。

裕福なローマ人は、家の中に大きな海水の池を作り、ありとあらゆる海の生き物を飼って楽しんでいた。キケロはこうしたマニアたちをあざ笑うように「愛魚家」と呼んでいる。

犬以外では、鳥もペットとして人気があり、宮廷にも鳥小屋がある。鳥の飼い主の多くが熱中する趣味が、羽の生えた相棒に言葉を教えることだ。これには成功例がいろいろある。皇后アグリッピナはペットのツグミには日常会話を、カラスやオウムには演説を教えた。だが、ハトはもうひとつ教え甲斐がないらしい。

変わったところでは、多くのローマ人はペットのウナギをこよなく愛している。ウナギ愛好家たちは、呼べばやってきて、手から餌を食べるようにしつけるために人生の貴重な時間を捧げることで知られている。

中にはそのヌルヌルした友人を、ネックレスやイヤリングといったしゃれたアクセサリーで飾り立てる人もいる。

ローマ人はペットのウナギを愛するあまり、ウナギが死ぬと完全に機能停止になることでも知られている。ウナギに先立たれた人を、決してあざ笑ってはいけない。それはひどく無神経で無慈悲な行為なのだ。同様に、友人の豪華な海辺の邸宅を訪問したら、料理長に庭の池で泳いでいる生き物を夕食に所望する前に、必ず友人のウナギに対するスタンスを確認しよう。

第3章　衣服

私はどのような衣服を身に付ければいいでしょう？

カリグラ帝は別として[1]、衣服は性別によって決まっている。男性も女性も、以下の説明を参考に自由に装えばいい。

男性

古代ローマの男性の服装の基本はトゥニカだ。これは首と腕が出る穴が開いているだけの簡単な衣服で、夏には半袖、冷え込むローマの冬には長袖のトゥニカを着る。トゥニカは単調で面白味がないように見えるかもしれないが、混み合ったローマの通りでも目立つようにめかし込む方法はたくさんある。

アクセサリー

トゥニカの最も実用的で、うまく使えばとてもおしゃれになるアクセサリーと言えばベルトだ。幅の広いものも狭いものもあり、ギュッと締めたりゆるく締めたり工夫すれば、トゥニカ姿に威厳を加えることができる。ベルトにリングを付けて、日用品や道具をぶら下げるのも非常に実用的だ。

色

地味な色でなければならないという決まりはないので、気にせずに鮮やかな色の服を着て目立とう。一方、あまり治安がよくない地域に住んでいて目立ちたくないなら、地味な色でも多くの種類があるので、好きな色を選べばいい。

紫色は海生カタツムリの粘液から作る。少量の染料を作るのに多数の海生カタツムリが必要なので、とてつもなく高価である。

素材

安くつくのは毛織物だが、麻の方が涼しくて軽いのでお勧めだ。奮発する気なら絹だが、絹は軟弱でローマ人らしくないと考える伝統主義者から冷笑されるのを覚悟しておこう。それに、絹はかなり高価なので、地元の金貸しから資金を調達しておいた方がいいかもしれない。

長さ

トゥニカの長さは、膝丈が最も一般的だ。泥の水たまりなど、危険がいっぱいのローマの町を歩いても引きずらないので、実用に適している。それに、きれいに脱毛した脚を見せびらかす機会も生まれる。誰にも見せないなら、脱毛の痛みに耐える意味はない。奴隷、特に魅力的な奴隷のトゥニカは少し短めの方がいいかもしれない。晩餐会の客はその脚を目にして、触りたいのに触れないつらさに狂おしい気分になるだろう。

トガ

ローマ人男性の標準的な服装はトガだと思っているかもしれないが、それは大きな間違いだ。ローマの通りでトガを着た男性を目にすることはあまりないはずだ。その理由は、トガは正装なので、祭日やかなり特別な機会にしか身に付けないからだ。それに、着るのに大変手間がかかるせいもある。

トガを着用したりりしい若者。

トガとは、要するに約4〜6メートルの半円形の布で、身体に巻き付けてから腕に掛ける。トガはブローチのような便利な道具で留めたりしないので、しばしば最も間の悪いときに滑り落ちて脱げそうになる。そんな目に遭っても、にっくきトガを脱ぎ捨てて「だからトガは嫌なんだ。大嫌いだ！」と叫んだりせず、悠然と構えているのが真のローマ人なのだ。

トガを着ている人間がいたら、官職への立候補者の可能性が高い。彼らは必死でローマ人らしさを表現しようとするからだ。そして、これは身動きしにくい服装というプレッシャーのもとでも、どれだけ活発に行動できるかを見せる機会でもある。賢明な候補者は奴隷を雇ってトガの面倒を見させ、つまずいたり、引っかけたりして恥をかくのを防ぐだろう。

上着

ぜひ手に入れたいのがマントだ。マントがあれば、ローマの最悪の天候から身を守れるだろう。より暖かさを求めるなら、毛皮の裏地を付けておけば、町を歩き回っても快適だ。[2] また、マントには飾りとしてブローチを付けてもいい。そうすれば、万が一必要が生じた場合、武器としても使える。

アウグストゥス帝は背が低いことを気にしていた。それで、背が高く見えるように厚底のサンダルを作らせた。

履物

履物はサンダル一択だ。耳寄りな情報——サンダルで靴下を履いてもかまわない。寒い季節には必要だ。滑らないように、靴底にびょうが打ってあるサンダルを選ぼう。

下着

股間のあたりに腰布を巻き付ける。トガと同様、この腰布を正しい箇所に固定するのにはちょっとした技術を要する。ローマへの新参者としては、フォルム・ロマヌムの真ん中で腰布がほどけて恥をかきたくないなら、適切な装着方法についてアドバイスを受けておくといいだろう。あるいは、毛織物のパンツをはく人もいる。アウグストゥス帝はこれを大層好んでいた。[3] 毛織物のパンツはチクチクするし、暑苦しいと思うなら、パンツははかなくてもいい。ただし、トゥニカを着ていると、見せるべきでない部分がチラリと見えてしまう可能性がかなり高くなる。だから、急な動作や片足を大きく前に出す動きには十分注意しよう。

オト帝は毎日顎ひげを剃り、水で湿らせたパンを使って顎ひげが伸びるのを防いでいた。

体毛

体毛について覚えておくべきは基本事項は、頭髪＝良し、頭髪以外＝悪しだ。

現在の流行としては、スベスベの体が好まれる。つまり、脱毛のプロを見つけなければならない。きちんとした浴場ならたいていは専門の脱毛係がいて、どの部分であれ、わずかな料金で体毛を処理してくれる。少しばかり人としての情を持ち合わせた脱毛のプロを知らないか、周囲に尋ねてみること

ローマ人は、クマから採取した油にケシの抽出液を混ぜたものは、脱毛予防に効果があると信じている。クマから採取した油をワインに混ぜて飲んだら、残っている頭髪からフケがなくなるそうだ。

をお勧めする。悲しいことだが、多くの職業にサディストが潜んでいる。

体毛を1本ずつ引き抜かれる苦痛には耐えられないと言うなら、真っ赤に焼いたクルミの殻を当てて焼き切るという方法もある。こちらの苦痛の方がマシだろうか。

頭髪はきわめて重要だ。髪が抜けるのは大きな悲しみであり、できるだけ遅らせるべきと考えられている。オト帝はかつらを使用していたが、非常に良くできていたので誰も気づかなかった（70年後にもこの事実を記録していた歴史家以外は）。

現皇帝ドミティアヌスは、『頭髪の手入れ』という重宝な手引き書を書いているので、あなたも読むといい。

皇帝はご自分の頭髪の状態に神経を尖らせておられます。皇帝陛下の半径3キロメートル以内にいる人間は、頭髪や脱毛に関することは一切口にしないよう強く勧告します。しかしながら、皇帝ご自身の頭髪の欠乏に触れることなく、その手引き書に賛辞を贈る方法を見つけたならば、皇帝陛下は大層お喜びになるでしょう。

女性

衣服

　ローマの女性は、昔から服を3枚重ねて着る。一番下はトゥニカだ。軽い素材で作られていて、筒型で肩で固定する。固定といっても簡単に縫ってあるか、ボタンや留め金で留める程度だ。これは非常に融通がきく衣服なので、腹立たしくなるほど地味にもなるし、思わせぶりに身にまとうこともできる。

女性の服装の例。

　このくるぶしまでの長さのトゥニカの上に、ストラと呼ばれるドレスを重ねる。ストラは良家の女性の標準的な衣服だ。普通は毛織物で作られ、フィブラと呼ばれる留め金で固定する。季節によって半袖にしたり長袖にしたりして、胸の下の位置にベルトを締める。

　最後に、パルラと呼ばれるショールをはおる。パルラは固定せず、トガと同様に体に巻いて腕にかけるが、トガと同じでしょっちゅう滑り落ちるので煩わしい。信心深く見せるために、ベールのように髪の毛をすっぽり覆って身にまとうこともできる。

3枚重ねて装う喜びとは、3つの色の組み合わせによって、思いきり目立てることだ。もちろん、いるべきでない場所から誰にも見つからずに逃げ出そうとしているときなど、目立ちたくない人は別だ。そういう場合は、地味な灰色でまとめて、パルラで顔を隠すといい。

下着

この時代、まだセクシーな下着はなかった。売られているもので便利なのは胸帯だ。その日の気分によって胸を平たくすることも、寄せて上げることもできる。

パンツの話になると、衣服を3枚重ねるメリットが明らかになる。つまり、パンツをはかなくても問題ない。短いトゥニカを着ている哀れな男性とは違って、はしたないと思われないだろうかと心配することなく、どこでも歩き回れる。とは言っても、エクササイズやアクロバティックな動きをするときのために、革製のビキニ型ブリーフも販売されている。

履物

サンダルまたは（お楽しみ用の）ビーチサンダル。

髪型

女性のみなさんには、良いニュースがある。フラウィウス朝時代の女性は、髪を大きく結っている。巨大な髪型だ。ヘアスプレーやジェルがないので、こうしたそびえ立つような髪型は、オーナトリックスと呼ばれるプロの美容師の作品だ。彼らは素晴らしく才能があり、非常に需要が高く、それゆえに高価な奴隷だ。その商売道具は、髪を盛り上げていくときに使う多数のヘアピンと、熱で髪をカールさせるトング、それに要求の多い女主人に耐えられる図太い神経だ。こうした髪型は仕上げるのには何時間もかかるので、オーナトリックスがあなたの周りでせわしなく動き回る間、長時間じっと座っている心の準備をしておこう。[4]

フラウィウス朝の女性の髪型——最も大きく結った、最高の髪型。

あまり手間がかからず、さほど目立たず、風の強い日でも乱れない髪型にしたいなら、シンプルなお団子スタイルはどうだろう。これは伝統的な髪型だし、手間もかからないし、自分で結えるので安上がりだ。

ローマ人は、17日か29日に髪を切ると、抜け毛や頭痛が防げると信じていた。

アクセサリー

男性はベルトに凝るぐらいだが、女性には身を飾るさまざまな方法がある。

私の美容に関する日課

ローマの女性にとって、美容に関する日課がいかに重要であるかは、いくら強調してもしすぎることはないわ。その理由は、ローマの町が美しい女性（私は競争相手と呼んでいます）であふれているというだけではないのよ。女性はほとんどの公的生活から締め出されているせいで、時間があり余っているの。官職に就くわけでもなく、兵役に服するわけでもなく、政敵に対して愉快で残酷な侮辱の言葉を考え出す必要もないのだから。

まず、お肌のお手入れね。柔らかい、マシュマロのようなシミひとつない肌は、働く必要のない裕福な身の上だと誇示するのに不可欠よ。働く必要がないので、ロバの乳のお風呂に浸かる時間はたっぷりあるわ。このお風呂に浸かると肌が柔らかくなり、触るとプルンとするの。秘訣は、新鮮なミルクを使うこと。実際の話、酸っぱくなったミルクを使ったら、匂いがいつまでも消えなくなるわ。そのシーズンで一番大切な晩餐会で、悪臭の発生源にはなりたくないでしょ。

真っ白な、青みを帯びた肌が最高に美しく、最も高く評価されるわ。誰も一日中畑で野菜を引っこ抜いていたのかと思われたくないわよね。だから、闘技場へ行くときは、絶対に日よけ帽を忘れないように。特に、主婦は一日中家で機織りをしているべきだと考えている、わからず屋の夫がいる人は。まったくもう！

肌が赤くなったら、外出していたという決定的証拠になるわ。だから、日よけ帽とホルテンシアの秘密のおしろいはお勧めよ。もちろん、奴隷の女の子に何が入っているのって尋ねずにはいられなかったわ。そしたら、オオムギ、エンドウ豆、スイセンの球根、ガム、スペルト小麦、蜂蜜、強壮な雄鹿の角を挽いたものですって。有効なのは強壮な雄鹿だけで、他のものではだめらしいの。そんなことを聞いたら、気の毒な雌鹿はどうやって毎日を送っているのかしらって心配しちゃうわ。

とにかく、このおしろいを使えば、肌がびっくりするくらい白くなるの。鉛白[5]［鉛から作られる白色の顔料］を勧める人もいるけれど、私は一度も使ってみようと思ったことはないわ。

おしろいを塗ったあと、頬と唇にほんの少し紅をさすの。奴隷の女の子はケシをつぶして混ぜたものが好きだけど、オーカー［土から作る顔料で、赤、黄、オレンジなどの色がある］はものすごく値段が張るって言ってるわ。オーカーは何でも高いみたいね。[6]

私はよく人から——つまり、男性から——目が最も魅力的だと言われるの。だから、いつもまぶたに黒のコール（眉墨）でラインを引き、その上に緑のマラカイト[7]（クジャク石から作った化粧品）でシャドーを入れて、瞳の透き通った美しさを強調する。

化粧が終わると、道行く人々を振り向かせるように、とびきり高価なアラビア由来の香水をたっぷり振りかける。これで準備は完了！　あとは、オーナトリックスがお昼までかけて素敵な髪型を仕上げてくれるのを座って待つだけ。その間は、適当な読み物や、皮袋に入ったファレリオ・ワインや、お気に入りのゴシップ好きの奴隷が暇つぶしのお供をしてくれるわ。

髪だけでもヘアピン、クリップ、ヘッドバンド、さらに、とりわけ華やかにしたいときは、ティアラで飾ることもできる。

宝飾品としては、ネックレス、イヤリング、指輪、腕輪がある。ジャラジャラと全部付ける人もいる。カリグラ帝の皇后ロッリア・パウリナは、ある晩餐会に、何と4000万セステルティウスの真珠を身に付けて現れた！　それよりも、心に留めておいてほしいのは、彼女は自分自身と自分の宝石の警護に、親衛隊《プラエトリアニ》全員を付き添わせたことだ。

トガ・ピクタは凱旋将軍が着用するトガだ。赤紫一色に染められ、金糸の縁飾りが施されている。

子どもたちはどのような服装をするのですか？

サイズが小さいだけで、ほぼ大人と同じだ。男子はトゥニカを、女子は母親と同じように、くるぶしまでの長さのドレスを着ている。男女とも、大人と見なされて身の安全が確保されるようになるまでは、護身用の魔除けを身に付けている。男子は革製の（裕福な家の子はもっと豪華な金の）ポーチを鎖で首からぶら下げている。これはブッラと呼ばれ、中には幸運をもたらし、子どもが大人の男性になるまで身を護ると言われる物体が入っている。

少年が成年に達すると、首からブッラを外し、家庭の守護神ラレスに捧げる。そして、成人用のトガ・ウィリーリス[8]を着て、ローマ人の成人男性になったことを示す。

女子は三日月型のルヌーラを付ける。これもブッラと同様、魔除けのパワーがあると考えられている。

衣服の洗濯はどうすればいいですか？

ネロ帝の例に倣い、同じ衣服を2度着用しなければいい。だが、皇帝ほど裕福でないなら、洗濯屋に通うしかないだろう。ローマではほとんどの通りにたいていひとつ洗濯屋があるので、匂いがする方へ歩いていけば、簡単に見つかるはずだ。と言うのも、衣服は悪臭のする尿を入れた大桶の中で洗うのが一般的だからだ。そこで耳寄りな情報がある。ちょっと小銭を稼ぎたいなら、洗濯屋はいつも洗濯に使うつぎ足し用の尿を必要としているので、公衆トイレを探すより、洗濯屋に売りに行けばいい。

第４章 住宅事情

古代ローマを訪問するに当たって、最大の懸案事項のひとつが、どこに滞在すればいいかということだろう。初めてこの町を訪れるのなら、滞在中泊めてくれる知り合いがいないという不利な立場にある。では、どんな選択肢があるか説明していこう。

ローマではどのような宿泊施設が利用できますか？

床にはモザイク画、壁にはフレスコ画が描かれ、華やかな噴水やプールなどがある豪華な別荘を思い描いているなら、少々当てが外れそうだ。ローマの住民のほとんどはインスラと呼ばれる集合住宅に住んでいる。3～8階建てで、買い取りではなく賃貸が一般的だ。

ローマにはインスラが3万ばかりあるので、少なくとも選択肢はたくさんある。長期滞在もできるし、短期の場合は1日単位でも借りられる。ローマの城壁に走り書きされた利用可能な住居の案内を探してみよう。ポンペイのインスラなら、こんな感じだ。

グナエウス・アレイウス・ニギディウス・マイウス所有のアリー・ポリー通りの街区が7月1日から利用可能。1階には店舗、上層階と高級な部屋、それに家が1軒入居を募集する。この物件の賃借希望者は、グナエウス・アレイウス・ニギディウス・マイウスの奴隷であるプリムスまで連絡されたし。

住居を決める際はどのようなことを考慮すればいいですか？

費用

ローマでは住宅費は高くつく。部屋代の高さを嘆くのは、ローマ市民の典型的な気晴らしだ。だから、あなたも一緒になって、最近ローマで狭くて粗末な家を借りようと思ったら、田舎の豪華な別荘と同じくらいかかると不平を言おう。また、ローマを脱出して、10分の1の費用でどこか静かな海辺のリゾートで暮らしたいとか、美しい田園地帯で農場を所有したいなどと、一緒に夢を見るのもいい。ただし、こうした夢は決して実行してはいけない。なぜなら、ローマは彼らにとって世界一の都市であり、このひどい匂いのする、人でごった返す薄汚れた町を自分から出て行こうとする人などいないからだ。

人口が多い上にさらに増え続けているため、建物がぎっしり並んでいる。そのため、隣人との距離は近い。ものすごく近い。おそらく窓から手を出せば、隣の建物の住人と握手できるだろう。だが、これほど近所の人と鼻を突き合わせる生活にもメリットはある。ローマ人のお気に入りの気晴らし、すなわち、噂話をしこたま貯《た》めこめることだ。[1]

最も賃料が高いのは2階の部屋だ。ほとんどの建物では1階には店舗が入っているので、付近でどのような商売をやっているか確認しておく必要がある。ネロ帝のブレーンだったセネカは、新しい部屋へ引っ越すときにこれを確認しておくべきだった。彼は風呂屋があるのを見過ごしたために、重量挙げ選手のうなり声、マッサージ師の手で客の肌をピシャピシャ打つ音、脱毛されている客の悶絶《もんぜつ》の声といった騒音で気が狂いそうになったという。[2]

夜通しパーティーをするのが好きでない限り、料理を煮込む匂いにどれほど心を惹かれようと、料理屋の上階に住むのは避けた方がいい。賭博師や何か騒動を起こしてやろうと考えている連中のたまり場になるからだ。[3] 衣料品や台所用品を扱っている店の上階あたりが無難な選択肢だろう。

住宅設備

集合住宅にはトイレがない。水道も通っていない。炊事の設備もないところが多い。大半のローマ人は小麦をパン屋へ持ち込んでパンを焼いてもらい、地元の食べ物屋で惣菜を買って帰る。食欲とは別の生理的欲求のためには、尿瓶《しびん》をお勧めする。だが、建物の最上階に住むなら、中身をあけに6階分の階段を下りる手間を省くために、いくつか用意しておくといいだろう。

公衆トイレはローマの町中でよく見かける。パン屋や惣菜屋と同様、人々が集まっては噂話をしたり社会問題を論じたりする。仲間の腹具合の不調を笑うこともある。

火事と建物の倒壊

さて、新しい住居に落ち着いたなら、用心すべき危険について話しておこう。そんなに不安そうな顔をしなくていい。パニックになる必要はない。リラックスして、くつろいだ状態で聞いてほしい。とは言っても、メモは取っておこう。なにせ、今から話すことは、あなたの命を救うかもしれないのだから。

残念ながら、火事も、建物の倒壊も、ローマでは特に珍しいことではない。ネロ帝の時代に起きた火事は、不名誉なことに「大」が付いて「ローマの大火」と呼ばれているが、火事で町が破壊されたのはこの時だけではない。現皇帝の兄に当たるティトゥス帝の治世に起きた火事では、火勢が衰えることなく三日三晩燃え続けた。

火事で急いで逃げだす必要に迫られたときのことを考えると、1階の部屋は便利だ。現在ローマにはウィギレスと呼ばれる消防隊が存在するが、それより前に、狡猾《こうかつ》な政治家クラッススは、自前で500人からなる消防隊を組織した。だが、彼らは火事の現場に駆けつけると、家が燃えるのを見ているだけで、逃げ出した住民が金を払うまで手を出さずに待機していた。こうしてクラッススは莫大な富を築いていった。

建築規制は不十分で、都市設計士の数も少なかった。この状態は、ローマの人口増加にともない、需要が増える住居を大急ぎで建てるには便利だった。しかし、安全な居住性を提供するにはあまり良いとは言えなかった。アウグストゥス帝は建物の高さを70フィート（約21メートル）以下に制限したが、ずさんな造りの建物は、ローマでの暮らしの一部になっている。「ローマの建物の大部分は、細い柱で補強して倒壊を防いでいる」と、詩人ユウェナリスは素っ気なく書いている。立派な建物を買う余裕があると思われるキケロでさえ、投資した賃貸物件のうちふたつが倒壊したと愚痴をこぼしている。

だから、あらかじめ警告しておくが、建物がグラッと揺れたら、とにかく階段を駆け下りよう。もし雷や荷馬車の通過による揺れだったら恥ずかしいなどと躊躇《ちゅうちょ》してはいけない。死ぬことを思えば、身の安全を第一に考えよう。

富裕層の邸宅とはどのようなものですか？

群を抜いて豪華なのは、当然現皇帝の宮殿で、パラティヌスの丘に建っている。共和政時代には、パラティヌスの丘は高級住宅街と言われていたが、その後徐々に丘全体が皇族の所有地となり、最近では個人の邸宅はほとんど見られなくなった。

一般的な目安を言うと、丘を上れば上るほど、家は大きくなる。丘と丘の谷間は低所得者が暮らすスラム街が多く、最も顕著なのはエスクイリヌスの丘のスブッラ地区だ。この地区を除けば、エスクイリヌスの丘には美しい公園や大邸宅が見られるだろう。

裕福なローマ人の家は、当然のことながら、貧乏人の家より設備が整っている。何と言っても、屋内に配管設備があるので、寒い冬の朝に床暖房が使えるだけでなく、水が流れるトイレまであるのだ！

ローマの住宅は、居住者のプライバシーを守り、外の通りの騒音を遮るために、外向きではなく、内側に窓がある構造になっている。外部の人間が出入りする共有スペースは通りに面しているが、私室は建物の奥まった場所にある。上流階級のローマ人の邸宅は、共有スペースと私室スペースに分かれている。平均的なローマ人は、路上で友人とおしゃべりしたり商取引を行ったりするが、上流階級のローマ人は、自分がどれほど重要人物であるかを見せつけるために、友人や取引相手を自宅に招き入れる。

建築家のウィトルウィウスは、官職にある男性は自宅を仕事場として使えるように、図書室と長方形の会議室を設けるよう勧めている。上流階級の自宅所有者は、自宅の図書室にどんな本が収納されているかをしっかり監督するべき

セルギウス・オラタは、シャワー装置を発明して財を成した。独創性に富むオラタは、最初にカキ養殖を手がけた人物でもある。

だ。奴隷は主人のような地位にある人にどのような書物がふさわしいかについて、主人とは異なる考えを持つかもしれない。訪ねてきた役人や取引相手に、例えば、オウィディウスの本が本棚にあるのを見つけられたら、ひどくばつの悪い思いをすることになる。[4]

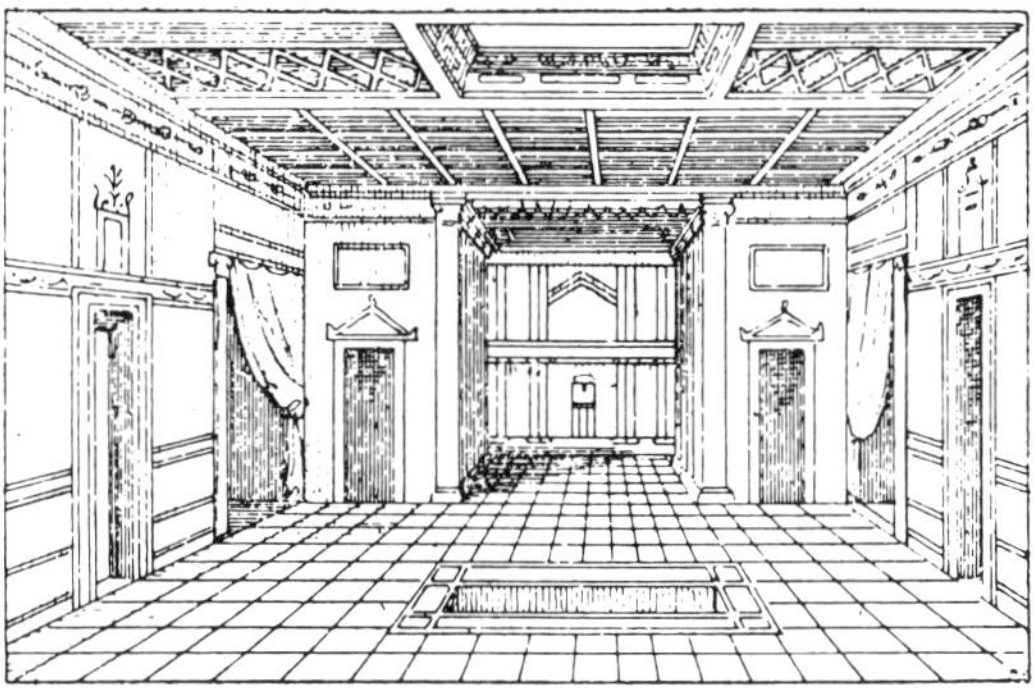

典型的なアトリウム。客がうっかり足を踏み入れそうな池もある。

　アトリウムは客が最初に足を踏み入れる場所なので、訪問者がある程度は感銘を受けるよう整えておかねばならない。毎朝パトロヌスはここにクリエンテスを集めるので、実用面からも広いアトリウムが必要になる。多くのパトロヌスはアトリウムに威厳のある大きな椅子を置き、その椅子に座って、クリエンテスが列をなして奉仕を申し出たり、頼み事をしたりするのに対応する。超富裕層になると、そこそこの規模の暴徒を形成できるほど多くのクリエンテスを持っている。共和政時代にはそれが標準的な戦術だったが、最近は帝政の平穏な世の中が続いているので、その必要性も薄れてきている。

　アトリウムの標準的な装飾は、所有者の先祖の胸像やデスマスクだ。訪問者が見れば、所有者の家柄の良さと身分の高さがうかがえる。アトリウムに小さな池が造られている場合もあり、夏には冷却装置として役立つばかりか、客がうっかり足を踏み入れたり落ちたりすると、有効な余興にもなる。

上流階級のローマ人に課せられた、来客をもてなし、楽しませるというノルマを考えると、なくてはならないのが豪勢なダイニングルームだ。例えば、カウチの間を水路が流れ、ランプや食べ物が載った皿が浮かべられたり、寝そべった客が見上げて楽しめるように、天井画が次々と入れ替わる仕掛けが施されたりしている。[5] また、壁からかぐわしい香水が客に降りかかる家もある。これなどは篤実なパトロヌスにとって、クリエンテス全員（中には薄汚い者もいるだろう）を食事に招待する必要が生じたときに欠かせない仕掛けだ。

豪邸であろうとなかろうと、ローマの家には家庭の守護神ラレスを祀る祭壇がある。毎日のお世話が必要で、それを怠るとコリントスで入手した見事なギリシア神の像から腕が抜け落ちたり、家族に災いが降りかかったりするらしい。しかしながら、幸いなことに、家族――特に奴隷――は簡単に取り換えがきくようになった。

ローマ人はモザイク画を、床だけでなく天井の装飾にも使った。

上流階級の家庭なら、ローマ以外にも少なくとも1軒は邸宅を所有しているだろう。中でもローマ人の憧れの町バイアエがあるナポリ湾は、別荘地としてとりわけ人気が高い。バイアエは放蕩《ほうとう》と退廃（すなわち、お楽しみ）の町という評判を獲得している。著作家のウァッロはバイアエについて、「老人は再び若者になるために、若者は若い娘になるためにこの町にやってくる」と書いている。

ローマ市街以外に邸宅を所有する利点は、スペースによる制約を受けないことだ。小プリニウスはラウレントゥムに室内運動場、温水プール、舞踏場、ふたつのダイニングルーム、バスルーム、テラス、屋根付きの拱廊《きょうろう》〔複数の柱で支えられている連続したアーチ構造〕を持つ別邸を所有していた。海沿いに建つ家には部屋数が90を優に超えるものもあり、主な部屋からは海が一望できる。

富裕層の邸宅はどのように装飾されていますか？

マグノリア（淡いピンク）はさすがに使われなかったが、ローマ人は落ち着いた色は好まず、大胆な、あるいはかなり大胆な色を好んだ。家の装飾に、色使いは間違いなく重要だ。ローマの富裕層の家の壁には、赤、黒、金がよく使われる。頭痛がしそうだと思うなら、当時はまだ電気もなく、開放的な大きな窓を付ける家もなかったことに思いを馳せてほしい。ランプの薄暗い灯りのもと、鮮やかな色彩が部屋を明るく見せていたのだ。

室内装飾のテーマは、所有者が表現しようとするイメージに合致していなければならない。フレスコ画の一般的なモチーフには、ワニ、カバ、ライオンといった動物がいる風景、果物をはじめとする食べ物を描いた静物、庭園の風景を家の中で鑑賞できるように、緑豊かな木々の枝に止まる鳥も一緒に描いたりしたものがある。また、ナルキッソスが水に映った自分に恋に落ちる場面[6]、ト

フレスコ画は生乾きの漆喰の上に顔料で絵を描く。フレスコとは「新鮮な」という意味だ。

ロイア戦争、白鳥と交わるレダなど、神話をモチーフにしたものもよく見られる。

現代からの訪問者にはおぞましく感じられる絵もある。屹立《きつりつ》した巨大な男根が描かれたプリアポス神の絵などがそれに当たる。だが、このような絵を見ても取り乱してはいけない。プリアポスは生殖と豊穣《ほうじょう》の神なのだ。ただし、性交中のカップルを描いたフレスコ画が飾ってあったら、ちょっと警戒した方がいい。うっかり売春宿へ入ってしまった可能性があるからだ。

インテリアデザインの一例、ポンペイで発見された邸宅。

現在人気があるのは、絵に描いた柱で部屋を区切って立体感を出すというものだ。さらに、こうした本物と見紛《みまご》うような柱の上に花瓶などの装飾品を描き加えておけば、本物の花瓶などの装飾品を買わなくてすむ。

床の模様は、壁と同じくらい入念に考える必要がある。シンプルだが人目を引く幾何学模様から、技巧をこらした剣闘士、動物、あるいは晩餐会の終了後に廃棄された食品を描いたものまで、ありとあらゆるデザインのモザイク画が使われる。その目的は、これもまた、主人がどのような人物であるか（つまり、どれほど裕福であるか）を訪問客全員に知らせることだ。た

ネロ帝の黄金宮殿には、ダイニングルームに水が流れ落ちる滝が造られていた。夏の間訪問客に涼しく過ごしてもらうのに、これ以上のおもてなしはない。

だし、どれほど見事なものでも、床のモザイク画は隣に座った人の尻越しに鑑賞することになる。

　インテリアデザインの観点からすると、見事な彫像も欠かせない。ギリシア芸術が最も洗練されていると考えられている。都合の良いことに、ローマがギリシアを征服し、属州となったギリシアをネロ帝が訪問した。これにより、膨大なギリシアの美術品の盗品がローマ市中に出回り、富裕層の邸宅を飾っていることだろう。

皇帝の別荘

　皇帝陛下の最もお気に入りの別荘は、ローマからほんの10マイル（約16キロ）離れたアルバの丘の上にあります。アルバ湖を見下ろせる素晴らしいバルコニーがあり、皇帝は夕食後に湖に沿って散策を楽しまれます。[7] 高台にあるので、暑い季節でもひんやりした心地よい風が吹くのです。

　その地の劇場は、当代の代表的な劇を次々と上演して、皇帝陛下に娯楽を提供します。また、皇帝に戦車競走を楽しんでもらえるよう、立派な馬場も用意されます。

でも、皇帝が最も楽しまれ、得意とされるのはアーチェリーです。皇帝は弓の名人で、走っている獣のまさに角の生え際に正確に矢を射ることができになり、1日で100頭の獲物を仕留められたと言われています。その話を聞くと、我々お側係は不安になります。この地域には皇帝陛下が狩りをされるのに必要な数の動物がほどなく不足し、皇帝の滞在に備えて、ローマから運び込まねばならなくなるのではないでしょうか。

万が一こうした下準備が間に合わなかった場合、私はもうひとつの皇帝のお気に入りの隠し芸に望みをつないでいます。それは、奴隷を手の指の間を広げて立たせ、その指の間を矢で射るというものです。

パラティヌスの丘にある皇帝の庭園。

第５章　買い物

食品やその他の品物をどこで買えばいいですか？

食品なら、品質の良い新鮮な品物はヌンディィナエで手に入る。ヌンディィナエとは９日ごとに開かれる市場のことだ。荷馬車は昼の間ローマ市内に入れないので、農民は夜の間に荷物を運び、夜明けに商売を始める。

良い買い物をするコツは、夜明けからできるだけ間を置かずに市場に着くことだ。ローマ人は１日を日の出から数えるので、あなたが思うほどとんでもなく早い時間ではない。それに、あなたが夕飯に食べようと思っているチーズを、何百人ものローマの主婦たちが押しつぶして無残な形にしてしまわないうちに市場に到着した方が、あなたのためになる。

品物をめぐる過酷な競争に参加したくないなら、いつも開いている市場や店を利用するといい。まずはどこかの公共広場《フォルム》へ出かけてみよう。フォルムは多目的空間で、人々はそこで買い物をしたり、神に祈ったり、訴訟で争ったり、何かを見せびらかしたり、ゴシップを交換し合ったりする。

フォルム・ロマヌム

ローマにはいくつか公共広場《フォルム》があるが、最初にできた最高のフォルムを指す場合は、区別するために名前を付け加える必要はない。フォルムへ行くと言うと、どのフォルムかと尋ねる人はいないだろう。フォルム・ロマヌムは王政時代のローマの王たちによって建造され、それ以後増築された。建物の寄せ集めのように見えるのはそのせいだ。

フォルム・ロマヌムの見学はきわめて重要で興味深いので、「買い物セラピー」に没頭する前に、じっくり見学しておくことをお勧めする。重要な建物としては、立法を行う元老院議事堂や、その法律を実施する公会堂バシリカ・ユリアがある。また、ロストラを探してみるのもいい。これは長方形の平らな演壇で、演説の場として使われる。ロストラとは船首という意味で、演壇に船首が飾られたことからこの名が付いた。

ロストラは有名な出来事を数多く目撃してきた。そのひとつが、マルクス・アントニウスの「わが友人、ローマ市民、同朋諸君、耳を貸してくれ」[1]で始まる、人々を鼓舞する演説だ。ローマ人市民はアントニウスの演説に耳を貸し、恐ろしい暴徒となった。ブルトゥスの邸宅からは火が出て燃え落ちてしまう。元護民官のプブリウス・クロディウスが暗殺されたときにも、同様のことが起

フラウィウス円形闘技場（コロッセウム）が建つ以前は、剣闘士の試合や猛獣狩りはフォルム・ロマヌムで催されていた。

きた。クロディウスの死体は支援者によって運ばれ、ロストラの上に横たえられたが、それを見た平民たちはやはり恐ろしい暴徒と化した。このときは元老院議事堂から火が出て燃え落ちた。[2]

　ロストラを舞台にした、重要ではあるがこれほど苛烈でない出来事の中には、アウグストゥス帝の娘ユリアの話がある。伝わるところによると、ユリアはロストラを愛人のマルクス・アントニウスの宣伝に使おうと考えたが、アントニウスは平民を奮起させる演説の日に、酔っ払ってロストラに胃の内容物をぶちまけてしまったという。[3] また、アントニウスはロストラを、国家の敵の死体の各部位の保管場所として使った。[4]

　要するに、ロストラは何かを始めようとするときに、スタート地点となる場所なのだ。だから、買い物に取りかかる前に、ロストラの付近をぶらつくのも悪くないだろう。

ウィア・サクラには金で装飾された衣装を売る店がある。女性起業家セリア・エプレイが経営する店だ。

　フォルム・ロマヌムは多くの神殿の本拠地なので、バーゲン漁《あさ》りを始める前に神を味方に付けておくのにちょうどいい。和合の女神であるコンコルディアを祀った神殿は、値引き交渉の前に訪ねるとご利益がありそうだ。珍しい円形のウェスタ神殿を訪れて、ウェスタの巫女が聖なる炎を絶やしていないか確認するのも忘れずに。[5]

　ウェスパシアヌス神殿では、現皇帝の父上に感謝の意を表することができる。また、ティトゥスの凱旋門《がいせんもん》もぜひ訪れてほしい。これはドミティアヌス帝が、兄のティトゥス帝によるユダヤ戦争鎮圧を記念して建立したものだ。ここは雨が降ってきたときに雨宿りをするのにも便利だ。

フォルム・ロマヌムの端の方へ目をやると、カピトリヌスの丘の近くにタルペイアの岩が見えるだろう。運良く処刑の日に当たったら、重罪人が崖のてっぺんから下のフォルム・ロマヌムへ突き落とされるのを見ることができる。

その近くには、同じく刑場として使われるゲモニアの階段がある。ここは昔から反逆者の死体の放置場所になっていて、誰でも足で蹴飛ばすことができる。ここはティベリウス帝の裏切り者の高官が最後を迎えた場所でもある。さらに、最近では、69年にウィテッリウス帝がローマ市街を引き回されたあと、ここで殺された。

カエサルのフォルムのための土地の購入には、6000万セステルティウスかかった。

ローマ様式の文化を堪能したら、いよいよ買い物に出かけよう。目指すはウィア・サクラ。カピトリヌスの丘からフォルム・ロマヌムを通ってフラウィウス円形闘技場まで続く大通りだ。ウィア・サクラはローマを代表する商店街なので、涙が出るほど高価な商品、すなわち宝石、香水、スパイスといった贅沢品が並んでいるはずだ。

皇帝たちのフォルム

フォルム・ロマヌムではさまざまな活動が行われるので、当然のことながら、いつも大賑わいで混み合っている。代々の皇帝は、フォルム・ロマヌムの混雑を緩和するために、自分のフォルムを建造して群衆を分散させようとした。現在までに皇帝のフォルムは、カエサルのフォルム、

葬式では、アラビア産の香水を火葬用の薪の山に降りかける。皇后ポッパエアが亡くなったとき、ネロ帝はアラビアの1年間の産出量より多くの香水を薪に振りかけた。［ネロはポッパエアを火葬にせず、遺体を香油に浸し棺に防腐剤を詰めて霊廟に納めたという説もある］

アウグストゥスのフォルム、ドミティアヌスのフォルムの3つが造られた。[6]

これらのフォルムには店が立ち並んでいるので、ブラブラ見て歩くといい。新しく建設中のドミティアヌスのフォルムに近いアージレート地区は、愛書家ならぜひ訪れたい場所だ。最新の巻物を売る店が何軒も見つかるだろう。ドミティアヌスのフォルムには、馬上の皇帝の像があり、ローマの（おべっか使いの）宮廷詩人スタティウスがその像の素晴らしさを称えて、長々とした詩を書いている。[7] だから、見逃したら失礼に当たる。

他に見る価値があるものと言えば、アウグストゥスのフォルムにある壮大なマルス・ウルトル神殿と、カエサルのフォルムのウェヌス神殿の中にあるクレオパトラの黄金像だ。カエサルはこの神殿を自分自身に捧げ、設置する像も自分で選んだのだから、おそらくクレオパトラによく似ているのだろう。

それ以外に買い物にお勧めの場所と言えば、野菜を買うならフォルム・ホリトリウム。フォルム・ボアリウムには定期的に牛の市が立つ。奴隷を買う気になったならサエプタ・ユリアがいい。

お買い物情報

みなさま、こんにちは。ローマではあまりにも多くの品物が売られているので、どれを買うか決めるのにとても骨が折れるかもしれないわ。でも、心配しないで。これから私が、今流行しているものや、絶対に買ってはいけないものをお教えしましょう。

まず、生鮮食品は地元産のものを選ぶこと。近場で採れるものほど新鮮だから。そうね、エジプト産の品物は上品でおしゃれだけど、この籠に盛られた果物は、ローマにたどり着くまで何日かかったのかしらと思ってしまうの。[8]

オリーヴオイルは何と言ってもイタリア産が一番。ローマでは最高のオリーヴオイルが生産され、帝国中に輸出しているわ。よその国にもね。

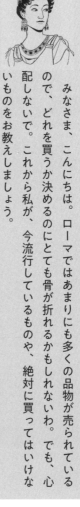

イチジクはアフリカ産が最高。小さくて果汁の少ないものを買ってはだめよ。アフリカからはいろんな穀類も運ばれてきて、ローマ人の胃袋を満たしてくれるわ。[9]

香木の乳香の産地はひとつだけで、それはアラビアよ。アラビア産以外のものは買わないように。にせ物だから。口惜しいことに、私は一度ひっかかってしまったの。アラビアは没薬《もつやく》の産地でもある。乳香と同様に、没薬もローマ人の需要に応えるには毎年収穫量を増やさねばならず、そのせいで本物の没薬を見つけるのは、正直な政治家を見つけるより難しくなってしまったわ。

バルサムの香りがお好きなら、ユダヤ産でよければ手に入るわ。それ以外にも、デロス島、アテネ、エジプト産の質の良い香木が売られているわよ。だけど、珍しい香りほど、値段が高くなる。でもね、それも考え方次第だと思うの。私たちローマの女性は自分の物質的価値を、男性よりさりげない方法で示さねばならない。女性は闘技会を開催することも、平民に資金を提供することもできない。だから、裕福さを誇示するなら、別の方法をとるしかないのよ。

裕福さを誇示すると言えば、宝飾品の話をしなくちゃいけないわね。スペインは群を抜いて大きな金の産地よ。だからこそ、スペイン産の金は買うべきではないの。ありふれているのですもの。希少価値があるのはインド産の金ね。私が聞いたところによると、インドでは蟻を使って金を集めるんですって[10]。

金と組み合わせるなら、真珠がいいと思うかもしれないわね。でもね、真珠は以前流行したことがあって、目新しさがなくなってしまったの。平凡なおしゃれをしたいとは誰も思わないでしょ。私はエチオピア産のサファイアか、アラビア産のエメラルドの方がいいわ。装飾品はすべてローマ帝国のもので揃えるべきだと言う人もいるわね。とんでもなく気難しい人が、輸入品はローマを滅ぼすと言い張っているのは知ってるわ。でも、そんな人は何もわかっていないのよ。一度でいいから中国製の最高級の絹の服に手を通してみればいい。たちまち考えが変わるに決まっているわ。

奴隷の購入

新しく奴隷を買うのは、非常にストレスのかかる仕事かもしれない。購入した奴隷が勤勉に働いてくれるという保証はどこにもない。その奴隷が他の奴隷に影響を与えて、取り返しのつかない事態にならないだろうか。丈夫で忍耐強いだろうか。でも、心配はいらない。今から奴隷選びに役立つ情報をお教えする。

国籍

これは慎重に考慮する必要がある。生まれ育った風土が異なると、性格的特性も異なる。[11] 温暖な東方の風土で育った奴隷は扱いやすいが、寒冷な北方出身の奴隷はおそろしく自立心が強い。とは言っても、後者はきわめて勇敢なので、債務者を脅すためのヒール役を探しているなら、ぴったりかもしれない。

流行からすると、秘書や医者にはギリシア人が多いようだ。また、浴室の世話係にはエチオピア人[12]の風貌を求める傾向がある。奴隷の容貌が珍しければ珍しいほど、所有者には大きな社会的財産となる。ローマ人は何につけても、一風変わったものを好むからだ。[13]

珍しい特性

前述のとおり、ローマ人は変わったものが好きなので、晩餐会の一興となるような奴隷がいると重宝する。例えば、マルクス・アントニウスは双子の奴隷を20万セステルティウスで買った。実際には、どう見ても双子ではなく、よく似たふたりの男にすぎなかったようだが、それでも客は喜ぶだろう。現皇帝ドミティアヌスが少年の去勢を禁止したので、あなたがサンダル磨きをさせている去勢した奴隷は、今や希少価値が高まっているはずだ。そろそろ客の前に出る仕事に戻したらどうだろう。

珍しい特性には、他にも読み書きが堪能であるとか、熟練した建築士や会計士といった実用的な技能もある。

新しく捕らえられた奴隷か、家内出生奴隷か？

奴隷を購入する前にもうひとつ考えておくべき問題がある。家内出生奴隷、すなわち家の奴隷から生まれた奴隷がいいか、それとも新たに捕らえられて奴隷になった者がいいかだ。後者は新しい地位に慣れていないため、何かとトラブルを起こすかもしれない。その反面、最近の体験により心に傷を負っているので、しつけやすいとも言える。家内出生奴隷は、奴隷はいかにあるべきかに関して、自分のやり方にこだわりすぎる面がある。また、あなたを前の主人と不当に比較して、不満をあらわにする者もいる。誰も自分の家でこんな手厳しい批判は受けたくないだろう。

カリグラの親衛隊員は全員ドイツ人だった。

健康状態

奴隷の健康状態は、代金を支払う前に確認しておくべき重要なポイントだ。もし新しく買った奴隷があなたの家で死んだら、ほとんどの場合、奴隷商人はあなたの責任だと言って、返金を拒むからだ。

体のあらゆる部分をよく調べよう。舌も忘れずにチェックしよう。言葉を使う仕事をさせるなら、舌があった方が便利だ。そして、背中もしっかり確認すること。鞭で打たれた傷跡があまりに多ければ、かなり面倒な奴隷かもしれない。

精神的な健康状態はちょっと見ただけではわかりにくいが、その奴隷が過去に自殺や逃亡を企てたことがある場合、新しい所有者に知らせる義務があると、法律の条文に明記してある。だが、何よりも心得ておくべきなのは、奴隷商人はみな嘘つきだということだ。

第6章 食べ物と食習慣

ローマ人はどのような食べ物を入手できたのですか？

ローマ人が入手できた食べ物より、できなかった食べ物を挙げる方が簡単だ。

- ◉トマト
- ◉パスタ
- ◉チョコレート
- ◉ジャガイモ

おそらくあなたは今、スパゲッティ・ボロネーズや気分が上がる山盛りのマッシュポテト、エネルギー源であるチョコレート・バーが食べられない生活なんてと嘆いていることだろう。だが、はっきり言って、悪いことばかりではない。ローマ人が口にできる食べ物は多岐にわたる。

何と言っても、ローマ帝国は広大なので、さまざまな食品がローマに入ってくるのだ。ウィテッリウス帝はこの特権を活かして、「ミネルウァの盾」［ミネルウァは音楽、医学、工芸などを司るローマ神話の女神］と名付けた料理を生み出した。「パルティアの辺境からスペイン海峡まで、帝国の隅々から」[1]集めた食材で作られている。

ローマ人が食べていた肉には、野ウサギ、イノシシ、子羊、野生の山羊、豚、鹿、子牛の肉などがある。鳥のローストはお好きだろうか。それならヤマウズラ、ハト、キジ、ガチョウ、鶏肉をお試しあれ。ちょっと珍しいところでは、ダチョウかクジャクはどうだろう。だが、これは豪華な晩餐会を催すときまで取っておいた方がいい。あなたの裕福さを家の奴隷に見せつけても何にもならない。

ローマ帝国は地中海沿岸を本拠地とするので、魚などの海産物は豊富だ。1世紀の料理本には、エイ、イカ、コウイカ、カキ、イガイ、イワシ、ウニを使った料理が掲載されている。

ウツボは食品としても、不要な奴隷を手っ取り早く処分する方法としても重宝された。ウェディウス・ポリオとかいう男が言うのは、ウツボは人間がバラバラに引き裂かれていくところを見物できる唯一の手段なのだそうだ［ポリオは奴隷をウツボの池に投げ込んで餌にしていたという逸話がある］。どうやらポリオは、その様子を眺めながら時間をつぶすのが好きだったようだ。なんて野郎だ。

ローマで入手できる果物や野菜には、驚くようなものはほとんどない。ビーツ、ポロネギ、レンティル［ハーブの一種］、エンドウ、クリ、豆類、ヒヨコ豆、ブドウ、ザクロ、イチジク、リンゴ、

古代ローマでは魚は高価で、1匹の魚に8000セステルティウス払った男もいるそうだ!

ナシ、モモ、オリーヴ、キャベツ、マッシュルームなどだが、大部分は旬以外の時期も食べられるように、酢漬けにして保存される。

ローマ人はソースが大好きで、特にガルム（魚醤）は人気がある。ローマ人の好物なので、ローマに溶け込みたいと本気で思っているなら、どんな料理にもこれを振りかけながら、ガルムはサバから作ったものが最高だと熱弁を振るうといい。あなたのために言っておくと、ガルムの製造法は知らない方がいい。しかし、どうしても知りたいと言うなら仕方がない、お教えしよう。「魚の内臓を樽に入れて塩を振る。全体を塩漬けにしたら、日の当たる場所に置く。太陽の熱で熟成したら食べ頃だ[2]」。

そう、古代世界のケチャップであるガルムとは、魚の内臓を腐らせ、発酵させたものだ。思う存分味わおう！

貧しい人たちはどんなものを食べていたのですか？

もっともな質問だ。ここまで身近な食べ物を挙げてきたが、必ずしもすべてのローマ人の口に入るとは限らない。何と言っても、1匹の魚の値段が、漁師を雇い、舟と漁師のお気に入りの漁網を買うより高くつくこともあるのだから。

アピキウスの料理本

ローマ一のグルメと評されたマルクス・ガビウス・アピキウスは、1世紀に料理本を執筆した。その本には、古代ローマ人が楽しんだ食べ物や味覚に関する優れた洞察が紹介されている。アピキウスを執筆に駆り立てたのは、開いた口がふさがらないような途方もないレシピを集めて、人々を驚嘆させたいという思いだった。では、その思いを受け止めて、彼が提供しているこの上なく風変わりな料理をいくつか検討してみよう。

フラミンゴ

賭けてもいいが、21世紀に生きる人の中で、派手なピンクのフラミンゴの群れを見て、「うーん、日曜日のランチによさそう」と考える人はいないだろう。だが、古代ローマではフラミンゴはご馳走で、料理法も幾通りにもあった。特に、フラミンゴの舌は極上の味わいだと言われた。

アピキウスは、コショウ、パセリ、ミント、デーツ、ハチミツ、ワイン、ヴィネガー、オイルを使ったフラミンゴのローストを提案している。また、ポロネギとコリアンダーを少し入れたお湯で茹でてもいい。とは言え、なにせフラミンゴは身長が約1・5メートルもある。

どれくらい大きな鍋が必要なのかとか、あの長い脚はどうなるのだろうと思わずにはいられない。だが、あのふさふさしたピンクの翼をもぎ取るなんてとてもできないとパニックにならなくていい。アピキウスによると、これらのレシピはそのままオウムにも使えるそうだ。

ヤマネ

フラミンゴを料理するには台所が狭すぎる？　羽毛アレルギーがあるので、オウムも料理できない？　それなら、ヤマネの料理に挑戦してはどうだろう。アピキウスはヤマネに豚肉、コショウ、ナッツを詰める料理を提案している。これは正式には、手間のかかる料理に分類されるかもしれない[3]。

カタツムリ

今日ガリア人がカタツムリを好んで食べているが、古代ローマでも食卓に上った。アピキウスは、風味を最大限に引き出すために、準備段階でカタツムリに皿に入れた牛乳を飲ませるよう勧めている。毎日皿に牛乳を

フラミンゴ。おいしそう。

つぎ足し、細心の注意を払って見守ろう。そして、カタツムリが太って殻が今にも張り裂けそうになる瞬間まで待つ。その時を逃さず仕留めて、油で炒める。カタツムリにあまり愛着をもたない方がよさそうだ。

さらなる提案

ピンクの羽毛が部屋中に散らばったり、ヤマネが部屋中を走り回ったり、ペットのカタツムリをフライパンでソテーしたりするのは気が進まないなら、アスパラガスのカスタードソース和えや雌豚の子宮の開きなどはどうだろう。

ローマで開催される多くの宗教的祝祭では、動物の生贄が捧げられる。儀式が終わると祝宴が催され、皿に盛りつけられたその動物の肉をみんなでおいしくいただく。

貧しい人々は小麦の配給を受けて、その小麦を地元のパン屋へ持っていってパンを焼いてもらう。ローマのほとんどの集合住宅には台所設備がないからだ。隣人たちと知り合いになっておけば、パンが焼けるのを待つ間、一緒にあたりをうろついて時間をつぶせる。貧しい人々の食生活は、パン以外にソーセージかチーズ、それに野菜が少々あれば御《おん》の字なのだ。

台所がある家はごくわずかなので、ローマに食事をしたり持ち帰ったりできる料理屋がたくさんあるのは便利だ。こうした店は、貧しい人々だけが利用するわけではない。クラウディウス帝は、「だが、神よ、私は尋ねたい。たまの軽食さえなしに、どうして生きていけるだろう」と言って居酒屋《タベルナ》への愛を表明した。[4]

料理屋へ行ったら、忘れずに店の外壁に感想を書いておこう。ヘルクラネウムという町の遺跡の壁には、こんなことが書かれている。「ふたりの友人がこの店へやってきた。店にいる間、エパフロディトゥスという名の男から、何かにつけてひどい扱いを受けた。ふたりは彼を追い出し、いい気分で売春婦に１０５・５セステルティウス使った」[5]

ポンペイの持ち帰り用の料理店。丸い穴には湯気の立つ料理の鍋がかけられていた。

裕福なローマ人はどんなものを食べるのですか？

何でも食べたいものを食べる。そして、半端ないほどの裕福さを見せつけるためなら、最も高価な香水を平気で飲んでみせるだろう（そうすれば、体の外側だけでなく内側からも良い匂いがすると信じている）。[6]似たようなことだが、クレオパトラは真珠をヴィネガーに入れて溶かし、混

晩餐会への招待を勝ち取る方法

私の元夫、つまり2番目の夫（ごめんなさい、最初の夫のことはお話しできないの）は上昇志向の強い恥知らずな野心家だった。将来に希望が持てないほどひどく貧しい家の出だったもので、裕福で子どもがいない高齢の元老院議員に気に入られて養子になり、家族の財産を相続できないものかと考えていたわ。

将来のパパと出会うための良い方法を教えたのは、実は私なの。上流階級が集まるすべてのパーティーに出席し、将来の可能性と息子としての魅力を兼ね備えていることを見せつけたらどうかと知恵を授けたわけ。そのためには、まず必要な招待を獲得しなければならなかった。招待されていないパーティーに押しかけるのは絶対にだめよ。お勧めの秘訣を3つお教えするわね。

粘り強さは美徳

目星を付けた男性とクリエンテスの朝の集会に出席し、彼の演説の場所に駆けつけて応援し、夕食の時間にも顔を出すこと。毎日これを繰り返していると、ほどなく相手は「またお前か」とうんざりし、一晩だけパーティーに招待してくれるはず。[8]

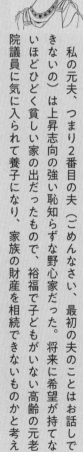

公衆浴場をうろつく

公衆浴場は、あなたがパーティーの客としていかにウィットに富み、楽しい人物であるかを示すのにもってこいの場所だけど、それだけでないの。名士の中には、招待状を出すかどうかをお湯の下に見えるもので判断すると言われる人もいるのよ。つまり、定期的にジムで鍛えておく必要があるわけだけど、冷水プールでお目当ての人物にアプローチするのはやめておいた方がいいわね。あなたの大事な持ち物がかなり縮小してしまうので。

恥も外聞もなくゴマをする

あなたの尊厳は浴場の入り口に置いておき、クリエンテスという役割を完璧に演じ切りましょう。パパ候補の男性から求められることをすべて、というより求められる以上のことをやりなさい。相手の下手くそなジョークに笑い、醜い妻を褒めそやし、とことん奉仕の精神で尽くすのよ。

ひとこと警告しておくわね。その晩餐会にそこまでの努力をする価値があるかどうか、よく見極めることね。ローマにいると、とても不愉快な晩餐会に出くわすことがよくあるの。その家の主人が聞くに堪えない自作の詩を朗読したり、恥知らずにも料理の一番おいしいところを自分が取って、客には小さな切れ端を寄こしたり。人生は短いわ。忍耐の限界を超えるような低俗な主人に付き合う必要はないと思うの。

ぜて飲んだという。[7]

最も高級で贅沢な食品を試すのに最適な場所は、個人の邸宅で開かれる晩餐会だ。しかしながら、招待を獲得するための駆け引きは、気の小さい人には向かない。何もせずに招待状が来るのを待っていてはだめだ。それと、あなたがパーティーに招待したというだけで、相手がお返しに招いてくれるとは限らない。努力をして、招待を勝ち取らなくてはいけないのだ。それには粘り強さと、狡猾さと、ストーカーすれすれのつきまといが必要になる。

詩人のマルティアリスが人づてに聞いた話では、晩餐会への招待状を獲得するために、日がな一日公衆便所の周囲をうろつく男がいたという。

晩餐会ではどのようなことが起こりますか？

晩餐会は、主人が十人十色であるのと同じく、バラエティーに富んでいる。宮廷晩餐会では、予期しないことが起こると思っておいた方がいい。殺人さえ起こる。ネロ帝が主催した晩餐会では、義弟のブリタンニクスが毒を盛られた。カリグラ帝は晩餐会には夫妻で招待するのを好んだ。そして、最も魅力的な妻を選んで自分のものにするのだ。オト帝が親しい友人を招いて少人数の晩餐会を開いていたとき、皇帝の身に危険が迫っていると思った親衛隊がなだれこんできた。皇帝は危険な目には遭っていなかったが、客たちは危険にさらされた。コース料理の最中に、重装備の兵たちに次々殺されていったのだ。

クラウディウス帝は、晩餐会でのおならを「音がしないものも大きな音を立てるものも」許可するという法令を発した[9]。

現皇帝ドミティアヌスは、ブラック・バンケット（黒い晩餐会）を開催した。到着した客は壁も床も天井も、周囲がすべて真っ黒であることに気づいた。客たちは黒い覆いが掛けられたカウチに座り、そばには墓石の形をした板石が置かれていた。奴隷が食事を運んでくると、黒い皿に黒い色の料理が盛られていた。奴隷は裸で、ご推察のとおり、黒く塗られていた。当然のことながら、客たちはこのしつらえに狼狽《ろうばい》した。こうなると、雑談も黒に関連するものに限られるのだろうか。

一般的な話をしよう。あなたは食べ物や余興について知りたいはずだ。心得ておくべきなのは、上流階級の豪華な晩餐会では、寝そべって食事をするということだ。具体的には、体の左側を下にして寝そべり、右手を自由に動かして食べる。

部屋の三方にカウチ、中央にテーブルが置かれている。なごやかに会話を続ける心の準備をしておこう。ひとつのカウチに最大で10人の客が一緒に座るからだ。同じカウチに座る他の客の程度を見ると、あなたがどれくらい主人から目を掛けられているかがわかる。落胆することになるかもしれないが、大きな声で機知に富んだ会話をしていれば、主人はあなたには格上げする価値があることに気づくだろう。あるいは、こんな騒々しいだけの退屈な男、二度と食事に招くものかと思うかもしれない。

どのような料理が供されるのですか？

かなり気前のいい主人なら、それこそアピキウスの料理本の大盤振る舞いになるだろう。前述のウィテッリウス帝が「ミネルウァの盾」と名付けた料理には、「ベラの肝臓、キジとクジャクの脳みそ、フラミンゴの舌、ヤツメウナギの白子」といった食材が使われる。[10]「白子」とは精子のことだ。ウナギの精子。クジャクの脳みそを含むこのメニューの中では、かろうじて食べてみてもいいと思える食材ではないだろうか。

「ご馳走」の中には、悪名高い「トロイアの豚」もある。これは豚の丸焼きで、切り裂くと内臓ではなくソーセージがあふれ出す。魚も単に高価だという理由で重用される。巨大なタルボット「大型のヒラメ」の料理を出せば、高価な魚を購入できる金銭的余裕だけでなく、料理するための広い台所と、給仕に必要な大勢の奴隷を所有していることを見せつけられる。

ローマ人は山から雪を運んできて、料理の一品として客にふるまった。ときには果汁で風味付けをした。

給仕の仕方も手が込んでいるので、心の準備をしておこう。カウチの横の水路に料理を載せた皿が浮かんでいたり、裸の女性が給仕したりする。こうした趣向では、給仕人が熱いソースを裸の肌にこぼすのではないかと、ヒヤヒヤしながら見守るのも楽しみのひとつだ。

晩餐会の主人はどのような余興で客をもてなすのですか?

「もてなす」という言葉がふさわしくない場合もある。「トロイアの豚」や最高級のウナギの白子を咀嚼《そしゃく》しながら、詩人の朗読を聞かされたりすることもあるのだ。運が良ければ、素晴らしい詩が聞けるだろう。それに、主人が詩の才能以外の理由から、素晴らしい詩人(あるいは、コメディアン?)だと判断しているとも考えられる。だから、前もってどのような余興が予定されているか、探りを入れてみるといい。そうすれば、仮病が使える。

まともな主人なら、本の朗読、歌手、物語の語り手、それに、ダンサーを準備してくれている。どのような「ダンサー」なのか聞き出しておこう。セクシーさで名を馳せるダンサーもいるからだ。[11]

晩餐会ではどのような不愉快な思いをするのでしょう?

皇帝主催の晩餐会でしばしば遭遇する殺人は別として、最も頻繁に不満のタネとなるのは、主人のケチくささだ。晩餐会に招待されたというのに、主人より料理の皿数が少ないというケースは珍しくない。晩餐会での扱いを見れば、主人の友人間の序列でのあなたの位置がわかる。さて、怪しげな酸っぱいワインが出るか、それとも、最高級のファレリオ・ワインが出るか。

ローマ人は何を飲みますか？

もちろん、ワインだ。最高のワインは、前にも言ったとおり、ファレリオ・ワインだ。この名はカンパニアのイタリア地域に位置するファレルヌス山から来ていて、山の斜面に原料となるブドウが栽培されている。ポンペイ産のワインは要注意だ。喉ごしはいいのだが、二日酔いがひどいと言われている。

ワインは普通、他の液体と混ぜて飲む。生粋の野蛮人だと思われたいなら、ストレートで飲めばいい。水を混ぜるのが一般的だが、スパイスやハチミツ入りのワインが出ることもある。ワインの代替品としてビールも飲まれるが、飲む人の社会的地位が高まることはない。郷に入れば郷に従えだ。酔いつぶれるまでワインを飲もう。

ティベリウス帝の時代、「空きっ腹に酒」は健康に良いと考えられていた。

第７章　娯楽

余暇の時間はたくさん取れますか？

ローマ人に週末という概念はないが、その分祝日がたくさんある。それに、都合のいいことに、労働には縁起が悪いという日が決まっている。ただし、言っておくが、奴隷には当てはまらない。残念ながら、奴隷に休みはない。ローマは繁栄を極めた首都なので、気晴らしの手段は潤沢に提供されている。

闘技

闘技は宗教的祝祭と関連して行われることが多く、今も絶大な人気を博している。無料で観覧でき、丸一日楽しめる。闘技の観覧には、以下のものを忘れずに持っていこう。

クッション　石の椅子はひどく固いので、お尻が痛くなる。特に丸一日観覧する気なら、クッションは必需品だ。

日よけ帽　暑い日には屋根から覆いが引き出されるが、すべての座席が覆われるわけではない。カリグラ帝がわざと1日のうちで最も暑い時間に覆いを外させ、しかも誰にも席を立つことを許さなかったときのことを、ローマ人は忘れていない。

奴隷　奴隷がいれば、忘れ物を取りに帰らせたり、飲み物を買いに行かせたりできるので、その日の演目をひとつも見逃さずにすむ。

市内のあちこちの壁にお知らせが書かれているので、注意していれば見逃さずにすむはずだ。闘技を観覧するなら、やはりフラウィウス円形闘技場だ。見つけるのも簡単だ。高さ30メートルの金メッキを施したネロの巨大な裸身像《コロッスス》を探せばいい。この像にちなんで、この闘技場は後の世代にコロッセウムと呼ばれるようになる。

フラウィウス円形闘技場

エジプトのピラミッド、バビロンの城壁、エフェソスのアルテミス神殿さえもしのぐ偉容を誇るフラウィウス円形闘技場は、必ず訪れたい場所だ。完成までに10年を要し、紀元80年に現皇帝の兄ティトゥス帝によって落成式が行われた。紀元71年に現皇帝の父ウェスパシアヌス帝により建設が開始されたが、残念ながらウェスパシアヌス帝は、プロジェクトの完成を見届けることなく亡くなった。

これはローマにおける最初の石造闘技場であり、最初の専用闘技場でもあった。それまでの闘技場は木造で、必要に応じて仮設の観覧席を設置していた。この闘技場はネロ帝の黄金宮殿の人工池の跡地に建造された。ネロ帝の黄金

現在のフラウィウス円形闘技場。

宮殿は、ローマの大火で焼け野原となった場所に建設されたことから物議をかもした。そして、ネロ帝がこの宮殿を建てるために大火を引き起こしたという噂さえ流れた（これは事実ではない）。

ウェスパシアヌス帝がこの宮殿の跡地［黄金宮殿はネロ帝の死後火災に遭って焼失したが、15世紀に地中に埋もれていた部分が発掘され、現在も観光名所となっている］に闘技場を建設したのは、この土地を市民から取り上げるのではなく、市民に返すつもりだというジェスチャーだった。ユダヤ戦争が終結したばかりで、ウェスパシアヌス帝は都合のいいことに、この巨大な殿堂を建築するのに必要な、大量の戦利品と大勢の奴隷を手にしていた。

この闘技場はまさに堂々たる建造物で、５万人の観覧者を収容できる。落成を祝う闘技大会は１００日以上にわたって開催され、その間に９０００頭もの動物が娯楽のために殺された。まず競馬が行われたあと、アレナ［競技スペース］に水を張り、３０００人が参加して有名な海戦が再現された。

ティトゥス帝は、民衆にこうしたスペクタクルを提供しただけでなく、観衆の中に小さな木のボールを投げ込んだりもした。木のボールには食品、衣服、馬、さらには奴隷といった賞品の名が刻まれており、幸運にもボールを勝ち取った者は、進み出て賞品を受け取ることができた。

フラウィウス朝の皇帝たちが闘技場の建造と出し物に注ぎ込んだ金、犠牲、尽力は、結局はとてつもない恥と見なされるようになった。そのため、現在ではフラウィウスという名前ではなく、単にコロッセウムと呼ばれているのも当然だろう。

闘技場ではどのようなものが観られますか？

ローマが提供する最高のエンターテインメントが観られる。闘技場での1日は、まず動物のショーから始まる。男または女の猛獣との闘いや、猛獣同士の闘い、小ゾウの綱渡りなどが繰り広げられる。これらは誰もが楽しめる出し物だ。

アレナはまるで本物のジャングルかアフリカの平原、またはドロドロした沼地のように飾りつけられていて、実に壮観だ。ライオン、カバ、ワニ、ヒョウなどの恐ろしい肉食獣が立ちはだかる中を、英雄たちが突き進んでいく。

観衆はたいていは闘獣士［猛獣との闘いを専門とする剣闘士］の味方をするが、いつもそうとは限らない。共和政時代に、凱旋将軍ポンペイウスがゾウ狩りを企画した。20頭のゾウを槍で武装したガエトゥリ[1]人と戦わせようとしたところ、ゾウは戦意を喪失し、集団脱走を試みた。脱走に失敗すると、ゾウたちは観客の前に並んで何とも哀れな声を上げたので、観衆は一転してポンペイウスに憎しみを覚え、激しく罵《ののし》り始めた。数年後、ポンペイウスはローマ内戦でカエサルに敗れ、エジプト人に首をはねられることになるのだが、この一件が要因となったのは間違いない。[2]

昼になると、犯罪者の公開処刑が行われる。警察組織を持たない都市にとって犯罪抑止力として必要なのだ。主催者はできるだけ観客が楽しめるものにしようと工夫をこらし、死刑囚に神話の一場面を演じさせたりする。例えば、ギリシア神話の吟遊詩人オルペウスに扮して猛獣に八つ裂きにされる場面や、鎖につながれたプロメテウスに扮して肝臓をつつき出される場面などである。

どうしてもローマの正義が施行されるところを観たいというのでなければ、この出し物はスルーして、剣闘士が登場する時間に合わせて席に戻ってくればいい。

午後になると、待ちに待った剣闘士の登場だ。剣闘士はふたりひと組になって、さまざまな趣向で闘いを繰り広げる。この時代に最も一般的で人気があったのは以下のような趣向だ。

ムルミッロ（魚兜闘士）　魚をかたどった兜をかぶった剣闘士で、羽根飾りの付いた衣装を着る。現皇帝はこの剣闘士がお気に入りなので、あなたも大声で応援するといい。

セクトル（追撃闘士）　バケツの形をした兜をかぶった体の大きな剣闘士で、顔は兜《かぶと》で覆われ、目のところに小さな細長いふたつの穴が開いている。

トラキア闘士　現皇帝の兄ティトゥス帝のお気に入りだったので、トラキア闘士が登場したときにブーイングをしてもたぶん大丈夫だ。トラキア闘士は長方形の盾と槍、刀を持って闘う。兜は他の剣闘士のものより丸みを帯びている。

レーテアリウス（網闘士）　網と三つ叉槍、短剣を持って闘う。

観衆は剣闘士に、熟練した闘いぶりと素晴らしいパフォーマンスを期待している。優秀な剣闘士は、自分より技術の劣る相手と組むのを嫌がる。自分のスキルを見せつける機会

身構えるふたりの剣闘士。

ある剣闘士は、もう闘いたくないと強く心に決め、ローマ人がトイレットペーパーとして使っている棒切れにスポンジを刺し、それを喉に突っ込んで窒息死した。

が少なくなるからだ。

意外に思うかもしれないが、剣闘士は試合で相手を殺せば勝ちというわけではない。そんなことをしていたら、ラニスタ[3]は常に剣闘士を補充せねばならず、たちまち破産してしまう。それに、常連客も付かなくなるだろう（観衆はお気に入りの剣闘士を見つけて、成長を見守るのが大好きなのだ）。思慮深いラニスタはスター剣闘士のために、負傷や死亡のリスクを減らし、攻撃から身をかわす姿も魅力的に見えるようなパフォーマンスを慎重に選んでいる。[4]

一般的な剣闘士のショーでは、最初に目新しい出し物がある。例えば、ふたりの女性、あるいはふたりの小人による闘いだ。盲目の男が同じく視覚障害のある男を相手に闘うこともある。ローマ人はとにかく「見たこともない」人間が見たくてたまらないのだ。賢明な皇帝なら、それまでローマでは誰も目にしていないものや人を展示しようとするだろう。[5]

戦車競走

剣闘士の試合よりさらに人気が高かったのが戦車競走で、アウェンティヌスの丘とパラティヌスの丘の間にあるキルクス・マクシムスで開催される。驚くべきことに、この競技場は25万人の

戦車競走の赤チームのファンだったある男性は、ひいきにしていた馭者が亡くなってしまい、悲しみのあまり錯乱状態に陥って、その馭者の火葬用の薪に身を投げた。

観衆を収容できる。これはローマの全人口の4分の1に当たる数だ。

戦車は4頭立てで、1周600メートルのトラックでレースを行う。2頭ではなく4頭立ての戦車が使われたのは現実的な理由からではない。速く走れるわけではないが、ローマ人が「難破」と呼ぶ衝突の機会は増え、面白味が増す。

競技者は青、緑、白、赤のチームのどれかに所属してレースを行う。[6] それぞれのチームには熱狂的なファンがいて、相手のチームに呪いをかけるために魔術師から呪詛板《じゅそばん》を買う者さえいる。

賭け事は戦車競走の重要な要素で、ファンが前述のような極端な行動に出るのもそのためと思えば納得がいく。戦車競走はスピード感にあふれ、激しく、とてつもなく危険だが、それだけにスリリングだ。これが衰えることのない人気の秘密だ。

劇場

これはかなり下層階級向けの娯楽で、上演される劇もそれに見合った内容となる。ずる賢い奴隷や、長い間生き別れになっていた兄弟姉妹、あるいは海賊が出てくる下品な

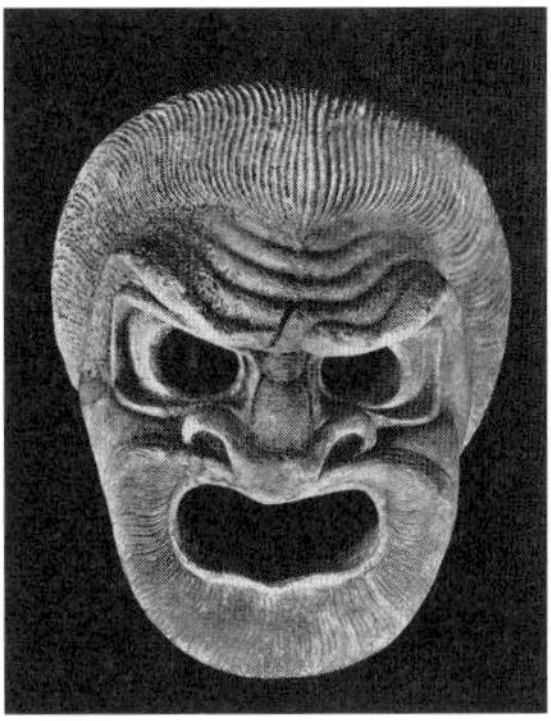

劇で使用された仮面。

戦車競走に出場した皇帝

皇帝ネロは戦車競走の熱狂的なファンだった。10代のころ、象牙でできた小さな戦車を手に入れ、皇帝の務めを果たすべきときに、その戦車で遊んでいた。

青年になると、皇帝であっても皇帝にふさわしいことをする必要はないと悟った。やろうと思えば、戦車競走もできる。皇帝が戦車競走かと元老院議員たちはあざ笑ったが、ネロの側近たちは皇帝が人知れず走れるように、ヴァチカンの谷に秘密のトラックを作った。だが、観衆がいない戦車競走のどこが面白いだろう？

ネロの気持ちを鎮めるために、奴隷と下層階級の人々がキルクス・マクシムスに動員され、ネロは大勢の観衆の前で戦車を走らせた。当然のことながら、それでネロの戦車競走熱はおさまるどころかさらに高まり、彼はより多くの観衆を求めてギリシアへ旅立った。オリンピュア大祭[7]に参加するため、属州まで遠征したのだ。

皇帝はこのオリンピュア大祭で、一世一代の果敢な挑戦を行った。10頭立ての戦車でトラックを駆けたのだ。

ネロ帝は完走できたのか？　優勝者に与えられるオリーヴの冠を勝ち取ったのか？　前の質問への答えはノーだが、後の質問への答えはイエスだ。ネロはレース開始早々かなり派手に戦車をぶつけてリタイアしたが、主催者たちは思慮深く判断を下し、ネロを優勝者と宣言した。ネロは2年間におよぶギリシア滞在中に全部で１８０８の種目で優勝し、まるで凱旋将軍のように晴れがましくローマに帰還した。

物語が多く、１幕ものでは道化が出てきておならをするだけというものさえある。俳優は役の性格を表す仮面を付けていた。

戦車競走のチームと同様に、俳優には熱狂的なファンが付いている。ティベリウス帝の時代には、ファンたちが俳優への愛を表現したことが、公衆の面前での乱闘に発展して手に負えなくなり、結局俳優とファンが共にローマから追放されるという事件が起きた。

ギャンブル

賭け事は小料理屋や居酒屋だけでなく、路上でも行われた。ローマの至るところで、舗道に賭博台が引き出されている。最も一般的なのはサイコロ賭博で、どの目が出るかに巨額の金が賭けられる。クラウディウス帝も熱狂的なサイコロ賭博愛好家で、サイコロ賭博に関する本を執筆し、旅の間も楽しめるように馬車に合わせた賭博台を所持していた。ネロ帝はサイコロ１振りに金貨4000枚を賭けたと言われている。

いかさまも横行しているので、決して買ったばかりの上等な毛裏の外套やしゃれたサンダルを賭けたりしないよう忠告しておく。法律では、債権者は取り立ての手段として、債務者を八つ裂きにしてもいいことになっている。このあまりに厳しい罰則が実際に執行された例はないが、注意するに越したことはない。痛い思いをせずにすむのだから。

浴場

古代ローマでは、入浴は私的な活動ではなく、きわめて公的な活動で、金持ちから貧しい者まであらゆる人々が参加する。ローマには多くの公衆浴場があり、中にはネロ帝が建てた目を見張るような浴場もある。マルティアリスは「ネロより悪いものがあるだろうか。ネロの浴場より良いものがあるだろうか」と書いている。[8]

浴場は人と交流したり、図書室で本を選んだり、晩餐会への招待を勝ち取ったり、腋毛を抜かせたり、庭園を散歩したり、ジムで体を鍛えたり、申し訳程度に体を洗ったりする場なのだ。

公衆浴場はどこにありますか？

皇帝が建てた公衆浴場は3つあって、ぜひとも訪れたい場所だ。ネロ帝の壮大な浴場は、アグリッパ（アウグストゥス帝の義理の息子であり、右腕でもあった）浴場に近いカンプス・マルティウスにある。ティトゥス帝の浴場はフラウィウス円形闘技場の隣に位置しているので便利だ。剣闘士の試合を観て大いに緊張したあと、顔の汗を落とせる。ティトゥス帝の浴場は探し出してでも訪れる価値がある。ネロ帝の黄金宮殿の一部を再利用して建てられたので、どれほど壮大なものだったか、自分の目で確かめよう。

ローマ人は素っ裸で風呂に入っただけでなく、男女共参加できる井戸（風呂?）端会議を楽しんだ。

公衆浴場へ行けば、どのような体験ができますか？

浴場には3種類の風呂がある。冷浴室（フリギダリウム）と微温浴室（テピダリウム）、それに温浴室（カルダリウム）だ。次々と温度の異なる風呂に入って、3つ全部体験してみるといい。奴隷が体にオイルを塗り、次にストリギリスと呼ばれる垢《あか》すり器具で汚れをこすり取ってくれる。その後はマッサージを受けてもいいし、いちばん大きな風呂に入って噂話をしこたま仕入れるのもいいだろう。

公衆浴場に行くと、人と交流もでき、リラックスして数時間の暇つぶしができるだけでなく、健康にも良い効果がある。疲労を軽減し、頭痛を治し、肺炎からの回復を促進する。ただし、下痢気味の人は、本人のためだけではなく他のすべての人のためにも、入浴は避けるべきだと医者は強く忠告している。とは言っても、現代からの訪問者からすると、ローマの浴場はめったに水を交換しないのに、本当に健康に良いのかと疑問に思うことだろう。

公衆浴場へ行くとき、注意すべきことはありますか？

奴隷を連れていくか、浴場の奴隷にチップを渡して、脱いだ服の見張りをさせよう。至るところに泥棒がいる。

ローマ人は、浴場はくつろいで時間を過ごすための適切な方法なのか、それとも、男性同士の性的な堕落の巣窟《そうくつ》なのか判断できないでいる。浴場で魅力的な裸体を目にしても、劣情は刺激されないふりをするのはばかげている。ただし、この状況はあなたに有利に働く可能性もある。著名なパトロヌスの中には、何より重要な晩餐会への招待状を、浴場でつい目がいってしまう部分を唯一の判断材料にして与えると言われている人もいるからだ。だが、そんなふうに注目されるのはごめんだと思うなら、奴隷をお供に連れていくか、奴隷を買う余裕がないなら、たくましい友人と一緒に行くといい。

第8章 健康と医療

どのような病気にかかりやすいですか？

ローマ人の病気に対する考え方は人によりさまざまだが、体液のバランスが崩れると病気になるという信念は共有している。体液には4種類ある。

◉血液——温・湿。
◉黄胆汁——温・乾。
◉黒胆汁——寒・乾。
◉粘液——寒・湿。

年齢や性別により、ある体液のバランスの崩れが原因で体調を崩しやすくなるので、治療する必要がある。子どもは温・湿で、若い男性は温・乾と考えられている。成人男性は寒・乾で、高

ユリウス・カエサルは、巷で言われているのと違い、帝王切開では生まれていない。母親のアウレリアは高齢まで生きていた。

齢男性は寒・湿だ。女性は男性より湿の度合いが著しく高い。月経があるのはそのためで、月経がなかったら、女性の体は過度の水分に対処できず、病気になってしまうだろう。

冬は気温が低く、じめじめするので粘液が増える。同じように、夏には黄胆汁が大幅に増える。こうしたバランスの崩れが、体のどの部分で生じているかを突き止めることにより、病気を特定できる。例えば、脳で黒胆汁が増加すればうつ状態になるが、脳で黄胆汁が増加した場合は譫妄《せんもう》を引き起こす。

体液説を信じる一方で、ローマ人は沼地の近くに住むと、恐ろしい奇妙な熱病にかかりやすいという事実もないがしろにはしていない。しかしながら、この病気の原因はじめじめした空気だと信じていて、蚊のせいだとは思わないようだ。同様に、伝染病は性別や年齢を問わずに罹患《りかん》するので、体液のせいではないのかと戸惑っている。そして、伝染病は怒り狂った神のしわざだと決めつけることで、非体液説と折り合いを付ける。

現実的に考えると、ワクチンも抗生物質もなく、衛生観念も確立されていない混み合った都市で生活するのだから、頻繁に病気になる可能性は高い。子どもの場合はなおさらで、5歳以下の子どもの死亡率は高い。また、出産はきわめて危険で、出産時に合併症を起こすと、しばしば命取りになる。帝王切開も行われたが、妊婦は手術に耐えられないために、母親の命と引き換えになる。

皇帝の病気

皇帝は代々永遠の健康を願って毎日神に祈りを捧げておられますが、祈りが足りないときもあるらしく、皇帝もご病気になられます。そうした例をいくつか紹介しておきましょう。

アウグストゥス帝

ローマ帝国初代皇帝は、70歳を超えるまで長生きされましたが、結構健康を損なわれることも多かったようです。そのうち何度かは、皇帝も赴かねばならない大きな戦争と時を同じくして発生したようですが、それはたまたまタイミングが悪かったということで、誰もが納得するでしょう。アウグストゥス帝のご病気とは、白癬《はくせん》、毎年決まった時期に起こる息苦しさ[1]、右手人差し指の筋力低下（指さす力が大きく損なわれる）などでした。

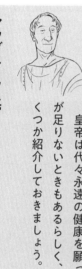

ティベリウス帝

ローマ帝国第2代皇帝は健康に良いという話を信じて、胃が空っぽのときに酒を飲んでおられましたが、それでも見苦しいニキビ面になるのを防ぐことはできませんでした。老年になると、肌の状態がさらに悪化したためにカプリ島へ隠遁され、ローマ市民に二度とその（かさぶただらけの）顔をお見せになることはありませんでした。

カリグラ帝

カリグラ帝は、身も心も患っておられました。お若い頃はてんかんに悩まされ、脱力感からしばしば歩行さえ困難でした。皇帝になって間もない頃には、危篤状態に陥り、もう長くはないと思われていました。そのとき、善良な市民は、若い皇帝の命が助かるなら自分の命を捧げてもいいと神に祈ったのですが、健康を取り戻したカリグラ帝からこの約束の実行を求められ、後悔することになりました。精神状態が不安定な皇帝は不眠にも悩まされ、ひと晩に3時間以上眠ったことはまれでした。そうだとすると、いろいろなことのつじつまが合います。

クラウディウス帝

クラウディウス帝については、何からお話しするのがいいでしょう。生まれつき多くの障害をお持ちで、母君は「怪物」と呼ばれたそうです。吃音で、常に頭を振り、口から泡を吹き、鼻水を垂らしておられました。それでも、皇帝の座に就かれてからは、こうした症状が出るのは気分が高揚したときだけになりました。[2] お若い頃は、ユリウス＝クラウディウス一族という毒蛇の巣の中で生き延びるために、症状を誇張しておられたのではないでしょうか。そうだとすると、たしかに有効な戦略でした。

ネロ帝

饗宴や放蕩を繰り返しておられたにもかかわらず、ネロ帝は憎らしいほどお元気でした。軟弱な胃袋を持つ人間からすると、妬ましい限りです。

ガルバ帝

70代で皇帝に就任されたとき、ガルバ帝は深刻な痛風にお苦しみで、背骨の痛みを和らげるためにコルセットを装着しておられました。それでも、たくましい若者を漁るご趣味には影響しなかったようです。

よけい気が滅入るかもしれないが、古代においては、ある種の負傷に対する治療法が、この時代ほど整っていたことはない。例えば、機嫌を損ねた隣人（あなたの雄鶏が朝早くからけたたましく時を告げたりしたせいで）から矢で射られたり、激高した債権者からパチンコで尻に鉄砲玉をぶつけられたりしたとき、ローマなら何も心配はいらない。戦場で多くの死傷者を出してきた経験から、体の最もデリケートな部位から厄介な弾丸を取り出す専門知識が備わっている。だから、幸いなことに、あなたは生き延びる可能性が高いのだ。

病気を防ぐために何かできることはありますか？

当たり前のことだが、病気は過密な空間ほど拡散しやすいので、ローマを離れて田舎へ移り住むことを考えてみるのもいいだろう。沼地の多い田舎は、マラリアが潜んでいるので避けた方がいい。また、西向きの町や早朝から日差しが入る町は、体液が乾・熱の傾向を帯びる。それから、目星を付けた避難先の風向きを調べておくことも重要だ。これも体液のバランスに影響するからだ（例えば、北西と北東の間の90度の角度から吹いてくる冷たい風に当たると、ひどい便秘になる）。

世界で最高の都市から自ら進んで出て行く気になれない（そして、風向きが腸に影響するという事実を知ってうろたえ、理にかなった判断が下せない）なら、魔法の力に頼るのもひとつの手だ。ローマ人には、災禍を避けるためのさまざまなおまじないがある。例えば、サソリと出くわしたときは「2《ドゥオ》」と唱えると刺されずにすむ。旅に出る前には、祈りの言葉を3度繰り返すと、無事に目的地にたどり着ける。また、ウェスタの巫女の特技のリストに加えたいのが、巫女がまじないを唱えると、逃げ出した奴隷がその場で身動きできなくなるというものだ。[3] 他にも、出血を止めるまじない、座骨神経痛を治すまじない、痛風に奇跡的効果を発揮するまじないがある。

あるいは、お守りを購入するのもいい。子どもたちはブッラやルヌーラと呼ばれるお守りを首から下げているが、大人用のお守りもある。最も縁起が良く、ご利益があって、多目的に使えるお守りは男根の形をしている。

このお守りは、商売繁盛を願って店主がドアの外側に屹立した男根を掛けているものから、フラウィウス円形闘技場のレンガの壁に、観客がひいきの剣闘士の庇護を祈って殴り書きしたものまで、あらゆる場所で目にするだろう。また、男根の飾りが付いた指輪や魔除け、風鈴もあ

鈴が付いた幸運を呼ぶ男根の魔除け。

る。こうしたものを目にして思わず笑い声を上げて恥ずかしい思いをしないように、ローマを訪れる前に男根を見慣れておくことをお勧めする。[4]

病気から身を守る方法としては、男根の宝飾品と比べるといささか平凡でありきたりだが、よく眠り、よく食べ、運動して、何かに耽溺《たんでき》しないことだ。性的耽溺は健康にきわめて悪い影響をおよぼし、死に至ることもある。一方、禁欲は古き良き時代のローマ人の忍耐心として称賛されるべきだ。ただし、ノルマである3人の子どもをもうけてからにしよう。

病気になったらどうすればいいですか？

神を信じて祈ろう。結局、神は病気の予防にはあまり役立たなかったわけだが、それはあなたの態度とわずかな供物のせいである可能性が高い。病気になったことを、セクシーなバーのホステスや剣闘士と縁を切りたいときに頼る神だけでなく、あらゆる神を崇敬すべきだという教訓にしよう。

地元の神殿に捧げ物をしても病気が治るかどうか心許ないと思うなら、病気平癒の実績がある、もっと大きくて立派な神殿まで出かけてみてはどうだろう。ギリシアのエピダウロスにあるアスクレピオス神殿は、まさに病気の治癒にご利益があることで有名だ。この神殿を訪れて霊験あらたかだった事例としては、腎臓結石が消えた、子宝に恵まれなかった女性が妊娠した、おぞましい腫瘍《しゅよう》ができた少年が寺院の犬に腫瘍を舐めさせたら腫瘍が消えた、禿げ頭をあざ笑われるのにうんざりした男の髪がフサフサになったなど、枚挙にいとまがない。

病気を犬に舐めさせて治すのは気が進まないなら、温泉に行くのはどうだろう。温泉に治癒効果があることはよく知られているが、それだけでなく、あなたの体臭も大いに改善されるだろう。

旅をするのが無理なら、あるいは、右の手段をすべて試しても病気が治らなかったら、いよいよ医者に頼った方がいいかもしれない。医者にはふたとおりある。ヤブ医者か危険な医者だ。だが、すでに神に見放されたのなら、どちらに当たっても、もはや失うものは何もない。

ローマのアスクレピオス神殿は、この町が恐ろしい伝染病に襲われたあと、紀元前290年にティベリス川の島に建立された。

医者の善し悪しを見分ける方法はありますか？

古代ローマでは、医者になるのに正式な資格や訓練はない。誰でも医者だと名乗れるので、偽医者やペテン師には十分に注意する必要がある。彼らは喉から手が出るほど金が欲しくて、何の罪悪感もなく、でたらめな治療やばかげたアドバイスであなたをだまして金を巻き上げようとする。多くの人が神に頼ろうとするのはそのせいだ。神は不可解で理解しがたいが、威張り散らしたり、ご利益があっても金を請求したりしない。

医者を探すときは、経歴についてとことん質問してみよう。医者はギリシア人が最高だ。[6] しかし、ローマ人にはラテン語とギリシア語のバイリンガルが多いので、ギリシア語を理解できるかどうかだけでにせ医者を見分けるのは難しい。しかしながら、生まれた町を聞き出し、その町について質問攻めにすれば、本当にアテネ生まれなのか、すぐ近所のアウェンティヌスの丘で生まれたのか区別できるだろう。

多くの医者はフルタイムではなく、副業を持っている。このような医者はただちに候補から外すべきだ。フルタイムの医者でやっていけるほど成功していない証拠だからだ。ただし、理容師や肉屋のように、その副業が明らかに医者にも役立つ技術を使えるものなら話は別だ。少なくとも、鋭い刃物を使う訓練を受けているのだから、壊疽《えそ》にかかった脚を切り落とすのはお手のものだろう。

医者が公開で診断や治療を行う場合があるが、これには警戒が必要だ。[7] 興味深い見せ物ではあるが、ありのままを見せているわけではなく、演出や演技が入っている可能性が高い。信頼できる医者は、医療を群衆から称賛を得るためのエンターテインメントにしたりしない。

良い医者を見つける確実な方法は、健康な友人にお勧めの医者を教えてもらうことだ。優秀な医者は、当然、本人自身が驚くほど健康だ。不摂生の兆

アウグストゥス帝はギリシア人の医者アントニウス・ムサを大層気に入って、ムサの像を作らせ、医療の神アスクレピオスの像の隣に置かせた。

候がないか探ってみよう。多くの医者はワインと女性に溺れていることで知られている。

> 動物の糞は、多くの病気に対する実績のある治療薬だ。羊の糞は吹き出物に、ネズミの糞は発毛に、犬の糞は扁桃腺炎に、コウノトリの糞は脳卒中の発作に効く。

医者の診察ではどのようなことをするのですか？

夢の内容[8]、正確な住所[9]、食習慣、これまでの人生、それに便の状態まで、これでもかというくらい質問される。さらに、医者はあなたを長い間じっと見つめるだろう。これは「視診」と呼ばれ[10]、医者はこの「視診」から、どうすれば厄介な症状から解放されるかを患者にアドバイスする。

病気になったら、医者はどのような治療を行うのでしょう？

安心していい。恐ろしい治療はしない。ローマ人医師が勧める治療法のほとんどは、断酒、マッサージ、新鮮な空気の中での外出、快適な温浴（発熱時は冷水浴）といった心地よいものだ。医者は定期的な運動や、適切な呼吸法の練習として音読や、海辺へ出かけてボートに乗ることを勧める。ボートの優しい揺れが内臓によい影響を与えるらしい。また、うつ状態、背中の痛み、視力低下、鼻づまり、ヘビ咬傷など、さまざまな疾患の治療法として性交渉を勧めることさえあ

健康に良い食品

すべての医者が真っ先に知りたがるのは、患者の食習慣だ。大プリニウスは、特定の症状に効果のある食べ物を長々と挙げている。

キュウリ――視力の低下と物もらいの特効薬。さらに、キュウリの根を乾燥させたものは、疥癬や白癬に効く。

タマネギ――腸の働きを良くし、痔の座薬として使える。[11]

レタス――食料貯蔵室に欠かせない野菜で、腹部のガスによる膨張を和らげ、ゲップを抑える効果がある。社会的地位のある人には有用な食品だ。

キャベツ――頭痛や飛蚊症に効く。瘻《ろう》〔外傷、潰瘍などでできた穴〕や捻挫にはすりつぶしたキャベツを塗るとよい。また、飲酒の前に食べると、酔いを防ぐ効果がある（それならば、何のために飲むのかという気がしないでもない）。

酢《ヴィネガー》――咳、喘息、歯茎の収縮に効果がある。また、毒蛇に咬まれたときの解毒剤としても使用される。

クルミ――サナダムシの駆除に使える。古いクルミは壊疽《えそ》や打撲に効果がある。興味深いことに、乾燥クルミ2個、イチジク2個、ヘンルーダ［常緑小低木で独特の強い香りと殺菌作用がある］の葉20枚に塩を少しかけて食べると、その日は終日毒に対して免疫ができる。ただし、空腹時に食すること。
ドングリ――茹でて食べると、赤痢の予防効果がある。
ネズ――歯痛に効く。
コケ――風呂の湯に加えると、女性器の感染症を改善する。
ヒイラギの葉を粉々にしたもの――関節の病気に効く。

る。だが、前にも言ったように、度を越してはいけない。何ごとにもバランスが大切だ。

とは言え、恐ろしい治療になる場合もあるので、心の準備はしておこう。歯肉痛の治療は、暴行死した人の歯で徹底的にこするというものだ。だが、有効な治療を受けるために、傷害致死事件を起こせと言うつもりはない。くれぐれも殺人に手を染めないよう忠告しておく。他にも、狂犬病は絞首刑になった人の頭蓋骨を粉に挽いたものを飲みこむと治ると言われている。また、性的活力の低下に悩んでいるなら、剣闘士の汗は催淫薬として知られていて、これを飲むと性生活の問題はたちどころに解決する。

同じく不愉快な治療としては、ローマではデトックス、つまり、強制的に嘔吐を繰り返させる方法がしばしば使われる。また、ヒルなどを使う瀉血《しゃけつ》も一般的に行われている。女性への治療としては、受胎を確実にするために膣に香をたきしめたり、月経を止めるために吸い玉［カップを皮膚に吸い付けて、悪血を吸い出す治療法］を乳首に吸い付けたり、ドクニンジンで乳房をこすって引き締めたりする。

病気にかかったとき、痛みは軽減できますか？苦痛を和らげる手段はありますか？

ストア派の哲学者セネカの忠告に従い、ひたすら痛みに耐えるしかない場合もある。セネカはひどい痛みに苦しむ友人に、名誉のために黙って痛みに耐えるボクサーやレスラーをロールモデルに使うべきだと勧めている。また、それほど痛みが激しいのであれば、病は長くは続かず、ほどなく苦痛は終わると言って友人を慰めた。そう、友人は亡くなるからだ。このことから、セネカの病人への接し方は最悪だとわかるので、ひどい風邪を引いたときや、苦痛で七転八倒しているときは、決して彼に同情を求めてはいけない。

最も一般的な鎮痛薬はケシの実、すなわちアヘンである。アヘンは睡眠剤としても推奨されている。[12] ネズ（歯痛には明らかな効果がある）やマンドレイクといった植物も鎮痛剤として使用されている。マンドレイクはその匂いを嗅ぐと失神するとも言われている。

　しかしながら、万一手術が必要になっても、麻酔は使えない。そのため、外科医は倫理的ジレンマに陥る。すばやく手術をして、患者の苦しみをできるだけ短くするべきか、それとも必要なだけ時間をかけるべきか。時間をかけると手術が成功する確率は高まるが、患者の苦しみはその分長く続く。どちらにせよ、外科医に必要なのは、ある種の冷静さと物に動じない性格だ。患者はと言えば、手術台に縛り付け、耳は毛織物の布でふさぐよう推奨される。どうやら自分の骨が切り落とされる音が聞こえて、気が動転した患者がいたようだ。どのような気分になるのか、想像もできない。

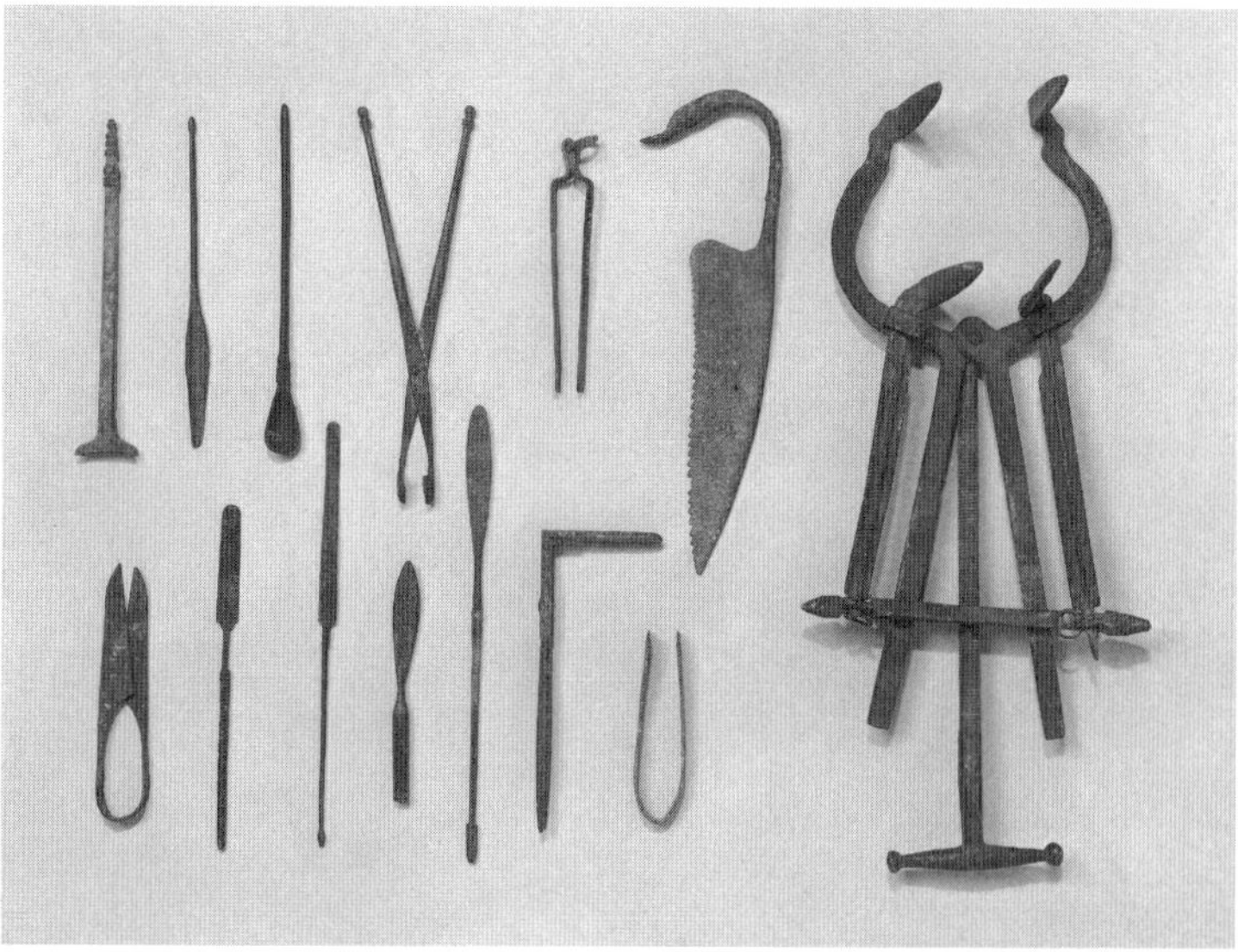

古代ギリシアとローマの手術器具。

第9章　仕事

古代ローマには、どのような仕事がありますか？

さまざまな仕事があるが、ひとつ問題がある。労働市場では、ただ働きを提供する人々、すなわち奴隷と競争することになる。ローマ人にとって、奴隷が労働市場を支配していることは大きな懸念材料だ。大規模な軍事行動や戦争が行われると、ローマの町には新たな捕虜とその労働力があふれ、地元の労働者にとって不利な状況になる。とは言っても、ローマほどの大都市になると、進取の気性に富んだ移住者にとっては、まだまだ仕事はたくさんある。あなたが試すのによさそうな仕事をいくつか選んでみた。

偽ネロ

ネロ帝の死に関しては、きわめて詳細な記録が残っているので[1]、当時側近く仕えていた3人、すなわち、ふたりの解放奴隷エパフロディトゥスとファオン、それにネロのお気に入りの宦官《かんがん》スポルスのうちの誰かが手を下したのは明らかだ。それでも、多くの人々がネロは死んでいないと信じるのを止めることはできない。おそらく、何年かごとに我こそはネロであると主張する人間が出現するからだろう。ネロになりすますというのは、あなたにぴったりの仕事かもしれない。

これまでに、惜しまれつつ世を去った皇帝を名乗る男が3人いた。最初の男はネロ帝の死からわずか1年後に現われた。ふたり目はティトゥス帝の時代に、アジアに出現した。そして、5年前のこと、パルティア人は自分たちの中にローマ皇帝がいることを発見して狂喜した。喜びのあまり、彼らは悲劇の皇帝を再び皇位に就けようと、挙兵を決断した。[2]

ネロ帝になりすますことにさまざまなメリットがあるのは間違いないが、中でも重要なのは、誰からも愛されるということだ。いや、本当だ。あなたは誰からも愛されるだろう。ネロはとんでもない暴君で、誰からも嫌われていたという評判を耳にしたかもしれないが、それは真っ赤な嘘である。それは3人の偽ネロが大歓迎され、人気者になったことからも明らかだ。

実際、ネロになりすましたら、自分の軍団を引き寄せることができる。そして、自分の軍団を持てば、彼らのあなた、すなわちネロ帝への愛に浴することはもちろん、他にもさまざまな利点がある。軍団を持っていれば、物であれ女性であれ領地であれ、欲しいものは何でも手に入れることができる。

それに、ネロ帝になるのに、訓練や技術はたいして必要ない。いくらか容姿が似通っていれば

宮廷詩人

皇帝におかれては、良い仕事はすべて自分の側近にやらせたいと思し召しますが（当然でしょう）、宮廷にはわずかながら、部外者でも参入する余地のある仕事がございます。言葉に精通している方なら、詩人などはぴったりではないでしょうか。しかし、警告しておきますが、この仕事は競争が激しいので、入りこむためにはあらゆるコネを使う必要があります。いちばん確実な方法は、私のように、宮廷に出仕している解放奴隷と友達になることでしょう。私たちは皇帝のお側近くに仕えておりますので、あなたの詩を宮廷の図書室、さらには、皇帝のお目の届くところに置くことも可能なのです。[3]

私たちはこうした依頼を数多く受けますので、聞き届けてほしいとお思いなら、ちょっとした贈り物をされて

皇帝の宮殿、ピラミッドよりはるかに立派である。

はどうでしょう。現金はいつでも歓迎いたします。あるいは、私に向けて詩を書いて渡してくださるのもよろしいかと。そうすれば、皇帝はどのような詩がお好みかお教えできます。皇帝はもちろん側近に対しても、気に入らない詩を押しつけたいとは、どなたも思われないでしょう。

宮廷詩人の仕事とは、ひとことで申しますと、ひたすら「おだてる」ことです。皇帝をおだてて、ご自分自身とご自分の業績に自信を持っていただくのがあなたの仕事です。有り難いことに、ドミティアヌス皇帝陛下の治世は15年の長きにわたるので、詩で賛美する価値がある業績はいくらでもあるでしょう。

これまで宮廷詩人が取り上げた業績は、以下のようなものです。

◉ゲルマニア［古代ローマ時代の地名で、ライン川の東、ドナウ川の北の地域を指す］における皇帝の軍事行動（驚嘆すべき成功だったと必ず主張してください）。
◉皇帝の壮大な新しい宮殿。「神々は陛下が神殿にひけを取らない素晴らしい宮殿を建立されたことをご覧になり、さぞお喜びのことでしょう[14]」
◉皇帝が建設された道路（これで海沿いの地域への移動時間が大幅に短縮されました）。
◉皇帝が街路を拡張されたときのこと（実に有り難いことで、どこへ行くにも便利になりました)。

◉皇帝の去勢禁止令（これですべての男性は自らの持ち物に対して大いに安心できるようになりました)。

◉皇帝の側近がいかに素晴らしいか（まったくその通りです)。

◉皇帝のお気に入りの宦官、エアリヌス（詩のテーマによっては、取り上げる価値はないと思われます)。

◉皇帝がしばらくローマを留守にしたあと、ご帰還されたときのこと（ローマ市民はみな大層喜びました)。

◉皇帝が雪の日に闘技場にご臨席になり、そのお顔に雪が降りかかったときのこと（皇帝の側近がずぶ濡れになり、足が凍《こご》え、手足も心も震えていたことには触れられていませんでした)。

◉再びエアリヌス（くやしい！）


敬愛する皇帝陛下のお側近く仕える者として助言しますと、皇帝は自分の素晴らしさを賛美する詩句を喜ばれます。詩人マルティアリスはこう書いています。「かつてローマがこれほど愛した支配者、皇帝はおらず、ローマは、たとえそれを願ったとしても、これ以上貴君を愛することはできないだろう」[5]

また、皇帝はユピテル神に例えられるのがお好きです。ユピテル神の別名ヨヴェを使ってみるのも上策です。韻を踏む言葉が、ユピテルよりはるかに探しやすいからです。

注意：皇帝のご気分を害さないよう、避けるべきテーマがいくつかあります。皇帝の頭髪の薄さ、がに股、皇后とあの俳優との不倫などがそれに当たります。

十分だ。さらに、竪琴を弾いたり歌ったりできれば有利である。だが、こうした特技がなくてもパニクらなくていい。誰もネロが本当に上手だったのか、本当に賞を取ったかどうかなど知らない。なぜならネロは皇帝で、自分の軍団を持っていたからだ。

ネロ帝に扮する不都合な点は、長期的に安定した職業とは言えないことだ。新しく組織された軍団が、あなたは本物のネロではないと気づいて反旗をひるがえすかもしれないし、現皇帝が属州でもめ事を起こされたとあなたに不快感を抱くかもしれない。どちらにせよ、死は免れないだろう。

だが、たとえ短くても栄光の日々を過ごし、その間に多くの人々の敬愛と忠誠を身に受けた体験は、不名誉な最期と引き換えにするだけの価値があるとも言える。もちろん、やるかやらないかはあなた次第だ。

奇異な存在になる

人があふれている世間では、目立つためには自分が持っているあらゆる特性を使う必要がある。もし身体的に何らかの奇形を持っているなら、堂々とそれを前面に押し出すべきだ。奇形を売り物にするのだ。ローマ人は多少奇異なものを敬愛する。特性が奇異であればあるほど、金銭的報酬を得られる可能性は高まる。とてつもなく高い目標としては、皇帝のお目に留まり、宮廷で居場所を得られるかもしれない。

兵士のマルクス・セルギウスは、右手を切断したぐらいで戦場に出るのを止めなかった。彼は鉄の義手を装着して戦った。

偉大な皇帝アウグストゥスは、民衆を楽しませようと、よく奇異なものや驚くべきものを展示したと言われている。このような人々を楽しませる存在になるという道もある。

奇異な存在として成功するには何が必要だろう。ひとことで言えば、見せつけるだけの価値があるものだ。これはあなたが考えるほど簡単なことではない。多くのローマ人が兵役に就き、軍事行動で負傷しているので、四肢や鼻を失ったり、むごたらしい傷を負ったりした人が珍しくなくなっているからだ。

それに、ローマは親が嬉々《きき》としてわが子に「イボだらけの子羊」と名付ける町だ。[6]だから、相当珍しいものでなくてはならない。並外れた長身も売り物になる特性ではあるが、クラウディウス帝の治世にアラビア出身の身長3メートルのガブラ人がローマへ巡業に来ているので、その程度ではもはや珍しがられない。並外れて背が低い人、すなわち小人《こびと》もきわめて価値が高いが、アレナで盲人や女性と闘う「お笑い系」の見せ物にされないよう注意しよう。

体の一部が不釣り合いに大きい人も受けが良い。ドミティアヌス帝は、小柄なのに異常に大きい頭を持つ少年を大層お気に入りだ。実際、ご寵《ちょう》愛のあまり、皇帝はこの少年から政治的な助言まで受けているという噂がある。考えてごらんなさい。あなたの足の親指が異常に大きかったら、皇帝に助言を与える身分に出世できるかもしれないのだ。

レガシーハンター【遺産を狙って人の機嫌を取る人】

この仕事は、魅力はあるのに倫理観に欠ける人にぴったりだ。レガシーハンターは老齢のローマ人に、遺言書に自分の名前を書いて莫大な財産を残してほしいと説得して収入を確保する。

この仕事を成功させるには、相手にとってきわめて大切な存在にならねばならない。そのため、かなり時間がかかることを覚悟しておこう。相手が常にあなたのことを考えている状態にするのだ。そのためには、いつも一緒にいることが肝心だ。朝食の席に姿を見せて、良い夢を見ましたかと尋ね、それから1日中「お連れ」として行動を共にし、晩餐会も、たとえ気が進まなくてもすべて付き合おう。レガシーハンターという役割は、結構な重労働である。

それだけでなく、ときには特別な心遣いを示す行動をして、ターゲットを驚かせる必要がある。例えば、相手が病気になると、自分のかかりつけ医に金を払って世話を頼む。あるいは、占星術師を連れてきて、病気はすぐに治るからと慰めてもらう。それから、その最愛の友人の健康を祈って神に高価な捧げ物をし、犠牲にした牛の数を相手に告げる。そうすれば、相手はあなたの配慮を知り、どれだけお金を遣ったかを察してくれるだろう。

もし金欠でも、心配しなくていい。あまりお金をかけずに遺産を手に入れる方法もある。ある抜け目のないレガシーハンターは、裕福なご婦人から遺言書の証人になってほしいと頼まれたとき、これはうまい儲け話になると考えた。彼はそのご婦人に、自分にいくばくかのお金を遺すようしつこく要求し、ご婦人が言われたとおりにするまで監視を続けた。[7] しかし、あなたが部屋を出たとたん、あなたに利益をもたらさない遺言書に書き換えられたらどうしようもない。相手を脅して財産を手に入れるやり方が功を奏するのは、この事態を防ぐ手段があるときだけだ。もうひとつ、あなたの別の「魅力」（ほら、あの手だ）に物を言わせる方法がある。そう、はっきり言うと、孤独な金持ちに色気で迫るのだ。

レガシーハンターという仕事には、とてつもない金持ちになれる可能性がある。しかしながら、マイナス面として、人々から憎まれる。大邸宅と高級

ローマの上流階級では、成人養子縁組みは決して珍しいことではない。裕福だが子どものいない夫婦はしばしば家名の存続のために成人男性を養子にする。

ワインが詰まったワインセラーがあれば我慢できるかどうか、よくよく考えてみるといい。

すべての求職活動が失敗したとしても、軍隊ならいつでも入れる。いろいろ不都合な面もある(身の毛がよだつような、ずたずたの死体になるのもそのひとつだ)が、25年間仕事を確保できる。まさに終身雇用だ。

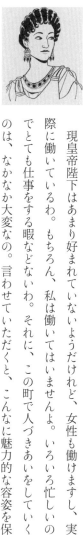

女性も働きますか？　女性はどのような仕事をするのですか？

現皇帝陛下はあまり好まれていないようだけれど、女性も働けますし、実際に働いているわ。もちろん、私は働いてはいませんよ。いろいろ忙しいのでとても仕事をする暇などないわ。それに、この町で人づきあいをしていくのは、なかなか大変なの。言わせていただくと、こんなに魅力的な容姿を保つのにも、かなりの労力がかかりますのよ！

でも、働いている女性もいるわ。古代ローマの女性にはどのような雇用機会があるか、いくつか挙げてみましょう。

助産師

次の世代を世の中にもたらすほど、重要な仕事が他にあるかしら？　助産師は善良な性格で、読み書きができて思いやりがあり、短い爪（当然ですわね）と柔らかい手の持ち主でないと務まらないわね。

柔らかい手をしていると、織物や編み物など、あまり気が進まない仕事を逃れる言い訳になるわ。この仕事のマイナス面は、いつお呼びがかかってもいいように、四六時中しらふでいなければならないことかしら。つまらないわね。でも、これは多くの分娩中の女性も同じよ。私の場合、最初の（恐ろしい）出産のときの助産師は、しらふで思いやりのある方だったけど、私、思いきり殴ってしまったの。でも、彼女は爪にきれいなマニキュアをしていたわ。

乳母

仕事の世界における大前提は、自分が持っているものを最大限に活用するということね。私たち女性には、男性にはないふたつの財産、そう、乳房があるわ。乳母とは、赤ちゃんのおいしい食事がすぐに届けられるシステムよ。乳母はあなたの家の戸口に現われると、泣き叫ぶ真っ赤な顔の生き物を抱き上げ、あなたにご褒美の昼寝をプレゼントしてくれるわ。本当に驚くべき人たち。高度なスキルを身に付け、昼も夜もいつでも仕事に取りかかれるように、トゥニカの下でお乳を滴らせているんですもの。

赤ん坊が好きで、赤ん坊に乳首を吸われながら何時間も座っているのが嫌でない人には、乳母はぴったりの職業だわ。でも、警告しておくと、まともな雇用主なら、あなたに決める前に、適任者かどうか確認するはずよ。彼らはちょうど良い大きさの胸と乳首を持つ乳母を探しているので、さっと胸をはだけられる準備をしておくといいわ。でも、とんでもなく気まずい状況にならないように、はだけるのは求められるまで待ちましょう。

金貸し

最新のファッションについていくには、お金がかかる。でも、腹立たしいことに、お金はいつも自由になるとは限らない。私も何度も経験したけれど、甲斐性のない夫に苦労させられているときはなおさらね。

銀色のカーテンが付いたとびきりゴージャスな輿《こし》を見つけたのに、お財布が空っぽだったとき、私は友人のデリアに頼ったの。彼女は副業としてご主人のお金を人に貸し、当然のこととして利子を受け取っていた。デリアは私にこう言ったわ。「これは素晴らしい仕事よ。だって、最高の名家の内実を聞き出せるし、今月誰それがエチオピア人の宦官をペアで買ったみたいな噂話を最初に耳にできるもの」。でも、金貸しという商売にはひとつだけ困ったことがあると言うの。それは、借金を全額返してくれない人がいること。そんなときは、仕方なく屈強な奴隷を5人差し向けて相手を痛い目にあわせ、借金のカタに品物を奪い取ってこさせるそうよ。でも、「できればこんなこと、やりたくないんだけど」って言ってるわ。

毒使い

これは本来なら専門家がやるべき仕事だけれど、宮廷では需要がとても多いの。厄介な後継問題を解決するのに、他にどのような方法があって？　毒は女性が好んで使う武器よ。私は違うわ。私はボクサーが掌にはめて闘う金属製のナックルダスターの方が好き。だけど、人それぞれよね。

稀代の女毒使いとして有名なのはロクスタという老女で、ネロが即位するのに邪魔になるクラウディウス帝と、その息子ブリタンニクスを始末したの。その報酬として、ロクスタは郊外に瀟洒な屋敷を与えられた。こういう話を聞くと、毒使いは割りのいい仕事のように思えるけど、この仕事に飛びつく前に、殺人の倫理に対するあなたのスタンスをよく考えてみることね。

魔女

誰かを殺害する目的で薬草や植物を調合するのはちょっと無理という人でも、インポテンスに悩む人を助けるために薬草を調合するならどうかしら？　これならずっと好ましく思えるでしょ。これも魔女が持つ多くの技術のひとつよ。魔女の得意技は薬の調合だけじゃないのよ。呪文、魔除け、ピンで留めて使う小さな蠟人形などもそうよ。

魔女は解決すべきあらゆる種類の問題に対して頼りになるけど、最も得意とするのは愛の領域なの。報われない愛に悩んでいるの？　それなら地元の魔女のところへ行って、相手の男性があなたと熱烈な恋に落ちるような愛の媚薬を作ってもらうといいわ。あなたの愛人の妻が、旦那の浮気に気づくのではないかと気が気でない？　それも魔女ならお手のもので、無関心の呪文をかけてくれるわ。取っておきの策を教えてあげる。この呪文は、あなたが積み重ねたわずかな借金に対して、夫からうるさく文句を言われたくないときも有効なの。それに、恋愛がどうしようもない状況になって（しばしばそうなるのよ。そう、男のせいでね）、ろくでもない男が別の女と仲良くなったときも、地元の魔女に頼めばぴったりの薬を作ってくれるわ。アソコを萎えさせる薬をね！

魔女が提供するサービスには夢判断もあるけど、これをやるのはゾッとしないわね。他人のくだらない夢の話を聞かされるほど退屈なことがあるかしら。でも、お金になるのは確かだし、そうした悪夢を追い払ってあげると言って追加料金を請求することもできる。でもね、警告しておくけど、皇帝はときたま魔女にうんざりされて、魔女をひとり残らずローマから追い出すのは素晴らしい考えだと決断されることがあるの。そういう事態に備えて、どこかの海辺に素敵な別荘を買っておくことをお勧めするわ。そうすれば、お許しが出るまで快適に待っていられるでしょ。

言うまでもないが、ローマはその軍隊で名を馳せている。軍隊がなければ、帝国も、道路も、あなたがこよなく愛するアラビアの高価な香水も存在せず、あなたの代わりに店へお使いに行ってくれる奴隷も極度に不足してしまう。

入隊の条件はありますか？

帝国の住人ならほぼ誰でも入隊できるが、当然ながら、多少の制限はある。ローマでの生活のあらゆる面がそうであるように、女性と非市民は対象外だ。しかし、男性で、市民権があり、五体満足なら入隊できる。ただし、妻帯していない者に限られる。兵士は公式には結婚が禁じられている。非公式に女性と何らかの関係を持つのはかまわないが、婚姻関係は許されない。ただし、長年関係を続ける間に、何人か子どもができるのは差し支えない。

兵士になるとどのようなメリットがありますか?

メリットは多い。年収は1200セステルティウスだから悪くない。ただし、装備品や衣服は自前だということは頭に入れておこう。それから、寒冷な気候のブリタニアの荒野から熱い砂漠が広がるエジプトまで、どこに配置されるかわからない。「旅は見聞を広める」と言うが、ローマ軍の兵士として旅をして見聞が広まると、この世にローマほど素晴らしい場所はないと認識できるだろう。ローマ以外の場所には野蛮人が住んでいて、あなたを殺してやろうと手ぐすね引いている。そして、ローマ人を憎むいきり立った現地住民に囲まれながら、何年も小さな革製のテントで寝食を共にしていると、仲間意識が生まれてくる。また、兵役を終えるときには、わずかながら土地が与えられる。

ローマ軍団兵と百人隊長。百人隊長が持っている巨大な懲罰用の杖に注目。

兵士になるとどのようなデメリットがありますか?

これは長期にわたる契約だ。いったん入隊すれば、25年間兵士を続けることになる。もちろん、訓練中の思いもよらない事故や、あまり珍しくない敵兵からの攻撃や、誰の兜《かぶと》がいちばんピカピカかをめぐるけんかの犠牲にならなかったらの話だが。

それから、言っておくが、行軍の距離が半端ではない。実際のところ、行軍に次ぐ行軍だ。だから、志願する前に、過酷な行軍に耐えられるかを見極めておくべきだ。なにせ、これから25年間毎日、ときには日に何回も行軍させられるのだ。ローマ軍の行軍のポジティブな面は、とにかく壮観だということだ。整列隊形で属州の土地を踏みしめながら行軍していくのは、広範囲ににらみを利かせるのを楽しめる人にとって、とてつもない快感だろう。とにかく、歩きやすいサンダルを購入しておこう。

私は何回ぐらい戦場に出ることになるのでしょう?

どこに配置されるかによって異なる。例えば、太陽が輝く北アフリカでは、戦闘はあまり行われない。しかし、ゲルマニアとのライン川国境にでも配置されたら、好戦的なゲルマン民族との小競り合いに明け暮れることになるだろう。

敗北の歴史

ローマ軍は世界最強と言われるが、戦闘で一度も敗れたことがないわけではない。数は少ないけれども、敗北の恐ろしさを味わっている。ローマ軍の敗北はめったにないことなので、ローマ人の心理に大きな打撃を与え、不名誉と恥辱の記憶として何世紀を経た後でも影を落としている。それゆえに、ローマ軍の大敗の歴史を記すのは胸が痛むが、以下に挙げておく。

皆殺しの戦場《キリングフィールド》——カンナエの戦い、紀元前216年8月

カンナエの戦いの相手はカルタゴ軍（ゾウを引き連れた軍隊）で、第二次ポエニ戦争の間に起こった。8月のある日、8万6000人のローマ軍は、数で劣る4万人のハンニバル軍に立ち向かった。[1] 勝利は確実と思えたが、ハンニバルは巧妙な計画を練っていた。

敵であるローマ軍と対峙すると、ハンニバルは布陣の両翼を少しずつじりじりと広げていった。次に中央部分をへこませて三日月型の隊列を組み、ローマ軍を包み込むようにして取り囲んだ。こうして壮大な規模の、血なまぐさい虐殺が行われた。ローマ軍はなすすべもなく包囲され、全方向から整然と狙い撃ちをしてくるカルタゴ軍を相手に戦った。ある歴史家は、1分ごとに600名の兵士が虐殺されたと主張している。[2]

砂漠の大惨事――カルラエの戦い、紀元前53年

ローマ軍は東方では勝ち進み、シリアとユダヤ、それに小アジア[3]の大部分を手中に収めた。ローマ軍の将軍マルクス・リキニウス・クラッススは、パルティア[4]をローマの領地に加えずにおくものかと考えた。そして、紀元前53年に勝利を確信して7個軍団を率いてパルティアの領内に進撃した。

この傲慢さが大惨事を引き起こした。クラッススと彼の軍団は、パルティア軍、そしてその戦力、戦術について何の知識もないまま砂漠へと進撃した。ローマの勝利を露ほども疑わず、恐ろしい運命が待ち受けているとは夢にも思っていなかった。

ローマ軍は知らなかったが、パルティア軍はずば抜けた技能を持っていた。兵士らは乗馬と弓の名手だった。侵入してきたローマ軍に対して安全な距離を保ちながら鎧《よろい》を貫いて矢を命中させた。さらに、安全な場所には予備の矢を積んだラクダが配置されていたため、ローマ軍の生き地獄は果てしなく続いた。[5]

クラッススとその屈強な3万人の兵士のほとんどが虐殺された。この勝利はパルティア人を大いに元気づけ、彼らは勢いに乗ってシリアに侵攻しようとした。しかし、クラッススの

配下でわずかに生き残った指揮官のひとり、カシウスがかろうじて阻止した。[6]
その頃、パルティアの領土のある場所で王を楽しませるために劇が上演されていたが、その劇『バッコスの信女』に欠かせないある小道具が手に入らなかった。ところが、都合の良いことに、舞台裏に切り落とされたクラッススの首がぶら下がっていたため、それを使ったという。[7]

ヴァルスよ、ヴァルスよ、私の軍団を返してくれ――トイトブルグの森の戦い、紀元9年

ゲルマニア総督ヴァルスは、ローマ化したと思われたゲルマン民族の族長アルミニウスの言葉を信じたためにドジを踏んでしまった。[8]アルミニウスの策略により、ヴァルスと3個軍団は地元の部族が仕掛けた奇襲に遭い、約2万人の軍団が全滅した。アウグストゥス帝はこの惨事に動揺し、「ヴァルスよ、ヴァルスよ、私の軍団を返してくれ!」と叫びながら宮殿の中をさまよい歩いたと言われている。

ドミティアヌス帝のカッティ族に対する軍事行動は、勝利はしたものの捕虜にした敵兵の数が少なかった。それで、代わりに奴隷の一団にカッティ族の扮装をさせたという。

現皇帝ドミティアヌスは武勲で名を馳せたいという思いが強いので、あなたが戦場に出る可能性は高い。近年ドミティアヌス帝は、自ら軍団を率いて気性が荒いことで有名なゲルマン系カッティ族と戦った。また、ダキア人[9]に対しても軍事行動を起こし、もう少しで野蛮なカレドニア人をローマ支配下に置くところだった[10]。

では、明るい話をしよう。軍事行動の間に何とか殺されずにすんだなら、祝勝会に参加できる。これは実に壮大なイベントで、馬に乗った凱旋将軍または皇帝が勝利を収めた軍隊の先頭に立ち、ローマの街路を行進して群衆の喝采を浴びる。喜びにあふれる軍団とともに、征服した地域から盗んできた財宝や敵兵など、あらゆる戦利品も街路を進む。

ローマ軍の戦い方はどのようなものですか？

敵と一騎打ちする。だからこそ体を守るための盾を支給されるのだ。ローマ軍が最強と言われるのは、その規模はもちろんのこと、編成の巧みさも大きな要因だ。ローマ軍はきちんと組織化されていて、「やるべきリスト」をこよなく愛している。ある将軍のやるべきリストには、行進する、陣営を張る、敵を殺す、敵の財宝を盗む、敵兵を奴隷にする、再び行進するなどと書かれて

ローマの軍団兵は、1日に約40キロ行進するだけでなく、装備品を背負わなくてはならない。

いることだろう。

もっと具体的に言うと、兵はそれぞれ軍団の中における自分の役割を知っている。あなたの役割は、敵兵の位置を調べて報告するという任務を負って最初に戦場に送られる偵察兵かもしれないし、主要な軍団に先立って派遣され、道路が行軍に耐えられるか、行軍に不便な場所に橋が架けられていないかを確認する工兵かもしれない。あるいは、採用時に人一倍声が大きい人が任じられる百人隊長かもしれない。

役割が何であれ、敵が攻めてきたとき、あなたは自分がいるべき位置もやるべきこともよくわかっている。なぜかと言うと、入隊してからずっと、戦場でシナリオを再現できるように、ばかばかしいほど長くてつらい訓練に耐えてきているからだ。何らかの理由で、兵士として教わったことすべてを突然忘れてしまったとしても、あなたの耳に指示をがなり立てるのが役目の百人隊長がいつもそばにいる。

ローマ軍は編隊を組んで戦うので、兵士はみな隣の兵士の盾の恩恵を受ける。ぴったり横の兵士とくっついて前進するため、並んだ盾で敵の隊列を突き破り、その後支給された先の尖った長い剣を使って、勝利に向かって突き進むのだ。

前線の兵団を後援するために、ローマ軍は本格的な射撃能力を備えている。まず弓兵が、空が矢で埋めつくされるほど矢を打ち放つ。これで前線の兵団が敵と出会う前に、大勢の敵を倒せれ

ローマの将軍コルブロは、自分の兵団の態勢を整えているとき、厳しい寒さにもかかわらず、キャンバス地のテントを張って眠るよう命じた。その結果、多くの兵士が凍傷にかかって四肢を失い、歩哨中に命を落とす者もいた［極寒の中でテントを張るには地表の氷を砕かねばならなかったが、ローマ軍の装備は素手素足だった］。

ばなおよい。さらに殺傷能力を高めるために、弓兵は矢に火をつけてから、敵に向けて矢を放つ。

ローマ人は弓術にはひどく懐疑的だ。敵と身体的接触をしないので、あまり男らしい戦い方ではないというのだ。もちろん、ローマの上流階級の少年は弓術も習うが、あくまで趣味や狩猟のためであって、戦場で使うためではない[11]。そのため、何ごとにおいても無駄を嫌うローマ人はこの技術をアウトソーシングし、主にシリア人を弓兵として雇っている[12]。

また、戦場には投石兵もいる。投石器には革紐が付いていて、それを頭上でものすごい速さで振り回し、尖った石や鉛弾を敵めがけて飛ばすのだ。相手を傷つける効果を増すために、こうした石や鉛弾に侮辱的な言葉を刻むこともよくある。アウグストゥス帝は、マルクス・アントニウスの妻フルウィアと険悪な関係になったとき、フルウィアの肉体のある部分についてあまり好意的とは言えない文言を投石器の弾に刻んで投げ込ませた[13]。

ローマ人はもっと本格的で大掛かりな武器も入手していた。大型弩砲《どほう》だ。バリスタは大きな石弓のような構造だが、動物の腱《けん》や毛で作られたバネを使い、敵に向けて極太の矢を射ることができる。巨大な石は、カタパルトを使う攻め手のローマ兵によって空中に射出された。カタパルトはおもりを使ったり、後ろへ引っ張ってから放ったりして推進力を付ける（バリスタに使用されているのと同じようなバネが使われた）。

　大型弩砲を使った攻撃は、町を包囲するのに最も効果を発揮した。これはローマ軍が得意とする戦術で、包囲作戦専用の装備もあった。破城槌《はじょうつい》［端を金属で覆った巨大な木の槌で、門や壁を破壊するために使用する］、やぐら、そして、ありふれているが間違いなく役に立つ梯子などだ。町を囲む壁の下にトンネルを掘るのもローマ軍が好む戦術だ。あるいは、壁と同じ高さまで土を盛り、楽々と壁を越えて兵団を展開することもある。

　有名な包囲作戦の一例は、丸3年続いたカルタゴの包囲攻撃だ。[14] 岩山の絶壁の上に建つマサダ要塞は難攻不落と思われたが、ローマ

再現された投石機。［これは大掛かりな機械（バリスタ）で、文中の「パチンコ」のような道具（スリング）とは別のもの］

軍は大型弩砲を引っ張り上げられるような巨大な傾斜路を築いて攻めた。[15] また、エトルリア人の都市ウェイイの包囲作戦[16]では、ローマ軍は首尾良く城壁の下にトンネルを掘って、住民を驚かせた。

だが、ローマ軍が包囲作戦にいかに秀でていたかに驚嘆する前に、プラケンティアの包囲作戦についても話をしておこう。紀元69年の内乱の際に実施された作戦だ。イタリア北部の町プラケンティアを守っていたのは、オト帝を支持する若い補充兵の小集団だった。彼らはウィテッリウス率いる3万人の強力なライン兵団と対峙した。やはり、オト帝支持者の完敗というわかりきった結末になったのだろうか？　ところが、そうはならなかった。「過信は傲慢さを生む」とはよく聞く言葉だ。この場合、ウィテッリウス帝支持者はあまりにも自信過剰に陥っていた。ひどく酔っ払っていようが、包囲作戦用の装備を持ってくるのを忘れようが、プラケンティアの城壁くらい簡単に打ち破れると確信していた。おそらく、実際に戦いを開始する前に祝勝会を始めていたに違いない。当然のことながら、彼らはプラケンティアに押し入ることはできなかった。

処罰

ローマ軍は世界で最も統制の取れた軍団だ。この統制は、とにかく行進させることによって維持されている。新兵が反乱を起こす元気もなくなるくらいへとへとに疲れさせてしまうのだ。しかしながら、精神的結束を維持するために、より厳しい手段が必要になる場合もある。

◉微罪であれば減俸に処せられる。これは処罰の中でも最も軽い部類だ。だが、この処罰を受けたために、溜めこんだ賭け事の借金や地元の飲み屋の勘定を払えなくなったら、大変な目に遭うかもしれない。

◉こん棒で軽く殴る。重い殴打と混同してはいけない。この処罰では、罪人は（恐ろしい）死に至ることはない。いつも怒鳴っている百人隊長はそれぞれこん棒を携帯していて、軽度の違反を犯した者がいれば、その向こうずねをこん棒で殴る。もし百人隊長があなたの言動を侮辱と見なしたなら、向こうずねではなく頭を殴られるので気を付けよう。軍隊に志願する前に、どんな場面に遭遇しても常に無表情を保てるよう、徹底的に練習しておくといい。

◉汚い仕事をさせる。前出の通り、兵たちは軍団における自分の位置と役割を知らされている。だが、野外便所の清掃係は誰もやりたがらない。とりわけ、海外へ派遣されて地元の料理を積極的に試食する、怖いもの知らずの何千人ものイタリア兵が使う便所の掃除は。

◉屈辱を味わわせる。自分の任務を十分に果たせなかった場合、約3メートルの長い棒または泥土の塊を持って、軍司令部の外に一日中立っていなければならない。そうなったら、仲間の兵たちがしょっちゅうあなたの前を、大笑いしながら通り過ぎるだろう。

◉処刑。寝ずの番の間に眠ってしまったなど、重大な職務怠慢に対して科される。

◉十分の一刑。グループ全体に対する処罰。兵たちは10人ずつのグループに分けられ、くじを引くよう命じられる。10人のうち、一番短い藁《わら》を引いた者は、残りの9人から死ぬまでこん棒で殴られる。幸い、十分の一刑はめったに実施されない。紀元69年にガルバ帝が実施したのが最後だ。

第11章 宗教と信仰

ローマの宗教は何ですか？

ローマ人は多くの神を崇拝している。ローマの信仰の基盤は、突き詰めると神は不可知の存在で、供物、生贄《いけにえ》、祈り、儀式によって鎮めなければならないというものだ。この考えは、公的にはローマの生き残りと幸運を確実にするために、私的には個々人によって維持されている。

どのような神を崇拝できますか？

あなたは幸運だ。数百もの神や女神が選《よ》り取り見取りだ。どんな状況に陥ったとしても、それに合った神々が存在する。出産なら生誕の女神ユノ・ルキナ。もっと楽しいことなら、食べ物と饗宴の女神エデシア。晩餐会を大成功させるには、エデシアと酒の神バッカスの二神に祈りを捧げるといい。

旅をするなら、旅立ちを見守る女神アベオナ、旅の途中に通り過ぎるであろう泉と森の女神フェローナ、それに、海の神ネプチューンもいる。そうそう、安全な帰還の女神アディオナも忘れてはいけない。

不眠症の人は、眠りの神ソムヌスに愛される。うまくパンを焼きたい人は、天火の女神フォルナックスに愛されるだろう。

ローマで重要視される神は、戦いの神マルスと勝利の女神ウィクトリアだ。ローマのカピトリヌスの丘には、神々の王ユピテルの巨大な神殿が建っている。ぜひ一度訪れてほしい（再び焼け

アポロの象牙の像。アポロも崇拝できる数多くの神のひとつだ。

落ちる前に)。

ずいぶん多くの神がおられるようですが、どこから始めたらいいでしょう？

まずは家庭の守護神ラレス、あるいは守護霊ゲニウスや家の守護神ペナテスから始めるのがいいだろう。ローマの各家庭では、これらの神を祀る祭壇がある。ラレスは家屋敷を、ゲニウスは男系の家族を、ペナテスは食料貯蔵庫を護るとされている。家の屋根が落ちた、息子に生殖能力がないと判明した、あるいは夕食に食べたいものがなかったといった事態が起きないように、これらの祭壇や神を大切にお世話しよう。

家の尊厳と家族の繁栄を願うのは当然として、個人的な願い事で礼拝すべき神についてもアドバイスしておこう。豊かに暮らすためには収穫が必要だが、それには豊穣の女神ケレスがいる。ローマはしばしばマラリアの流行に悩まされるので、熱病の女神フェブリスもぜひ味方に付けておきたいところだ。他にも、恋とエロスの神クピド、商業の神メルクリウス、調和の女神コンコルディアがいる。決して忘れてはいけないのが、下水道の女神クロアキナだ。ローマ全体のために、この女神は大切にしなければならない。だが、誰を選ぶかは、途方にくれるだろうけれど、あなた次第だ。

はっきり言っておきますが、現皇帝は神ではありません。しかし、彼の父親、兄弟姉妹、姪、息子はみな神格化されているので、皇帝は神と深いつながりがあると言っていいでしょう。

皇帝崇拝

初めて神格化されたのはユリウス・カエサルで、後継者である甥のアウグストゥスの要請でした。これにより、アウグストゥスは都合よく神の息子と称することができるようになり、最大のライバルであるマルクス・アントニウスに大きく差をつけることができたのです。こうして神の息子となったアウグストゥス帝は、死後当然のように神格化されました。

注目すべきことは、ローマの皇帝たちは死んだ後に初めて神を名乗るということです。東方の怪しげな国々とは違い、生きている間は神として崇拝されません。とは言っても、あなたが皇帝その人ではなく、皇帝の偉大さを崇拝するのは一向に差し支えありません。それこそ皇帝の本質なのですから。

神格化を決めるのは後継者なので、神格化されるかどうかは、後継者によるところが大きいです。カリグラ帝は、前任者のティベリウス帝のことがあまり好きではなかった（カリグラの家族をすべて殺したため）ので、わざわざティベリウスを神格化する必要はないと思ったようです。同様に、ネロ帝は、後継者を指名せず、彼を神格化してくれたかもしれない人々を困惑させてばかりいたため、叔父のクラウディウス帝や高祖父に当たるアウグストゥス帝の聖なる列に連なることはかないませんでした［ネロ帝は後に神格化されたとする記述も見られる］。

フラウィウス朝のふたりの皇帝（ウェスパシアヌス帝とティトゥス帝）が神格化されたことで、神殿を建設するのが妥当だと思われました。その神殿を訪れたなら、あなたは現皇帝の神格化された家族と皇帝の偉大さに対し供物を捧げるといいでしょう。実を言うと、私もよくクイリナリスの丘に登り、供え物をしています。ウェスパシアヌス帝が存命中、息子にあたる現皇帝が正道を踏み外さないよう導いてくださったからです。ウェスパシアヌス帝は今もあの世から見守っていてくださると、私は確信しています。

現皇帝陛下が自分を神と呼べと命じたという噂が流れていますが、ずいぶん話が誇張されています。皇帝陛下は、その日のご自分の気分に合った称号で呼ぶようにと仰せになっただけなのです。私たちでさえ、日によってはまるで神になったような気分になることもあるでしょう？

神に喜んでいただくにはどうしたらいいですか？

あなたが選んだ神を喜ばせる方法はふたつある。

供え物　誰でも贈り物をもらうのが好きだが、神も例外ではない。供え物として一般的なのは、お菓子、ハチミツ、ミルク、穀類といった食べ物だ。ワインは献酒にも使われるので、床に注ぐといい。よほど神の助けを必要としているのでない限り、たぶん最高級のファレリオ・ワインを供える必要はないだろう。医療の神アスクレピオスに助けを求める人々は、手、耳、子宮など、患部の模型を奉納するのが一般的だが、薄毛にひどく悩んでいる人は毛髪の模型を供えるようだ。

動物の生贄《いけにえ》　心配にはおよばない。インスラ（集合住宅）で羊を解体しなくていい。神殿側がすべてうまく処理してくれる。もちろん、料金は必要だが。動物の内臓は神殿の外にある祭壇で燃やされ、残った肉は販売される。祝祭日

奉納された毛髪！

には、膨大な生贄が捧げられ、残った肉は一般大衆が参加できる祝宴で使用される。ただし、冥界の神[2]に捧げられた生贄は別だ。肉はすべて食べられないほどに黒焦げの塊になるまで焼かれるので、誰も手をつけない。これは燔祭《はんさい》［生贄の動物を祭壇で焼いて神に捧げる儀式］と呼ばれる。

神がご不満だということはどうすればわかりますか？

これはローマ人にとって最大の関心事のひとつで、神の満足度調査を担当する神官がいるほどだ。

動物の生贄があると、臓卜師《ぞうぼくし》と呼ばれる神官が動物の臓器を調べる。臓器は形が整い、健康でなければならない。どこか形が崩れていたら、神はご不満だと判断する。

また、さまざまな兆候から神意を占う卜占官《ぼくせんかん》という官職もある。兆候の中には、鳥の飛翔、聖なる鶏が餌をついばむ様子、雷や稲妻といった天候、それに、いわゆる一般的な「奇妙な出来事」などがある。

卜占官は非常に重要な役職で、権力を持っていた。彼らが悪い兆候だと断言すれば、その日は元老院は解散を余儀なくされ、会議を開くことができない。

ウィテッリウス帝はひどく意地汚いところがあり、生贄用の祭壇から肉やお菓子を盗んで食べずにはいられなかった。

ローマの歴史には、由々しき出来事をもたらした悪い予兆があふれている。カリグラが暗殺される前には、差し迫った破滅の象徴が多く見られた。いくつかの建物に雷が落ちたり、ユピテル神の像が笑い出して神殿の従者が恐怖におののいたりした。ユリウス・カエサルの暗殺は、以前彼が奉納した馬の群れの様子で予見された。馬たちは涙を流し、餌を食べなくなったのだ。ネロ帝の場合は、彼が生贄を捧げている間に、市民のあちこちの家庭で守り神の像が転げ落ち、それがこの皇帝の時代の終わりを告げる予兆となった。紀元68年10月にガルバが最初にローマに入り、群衆の挨拶を受けているときに小さな地震が起きて、彼の治世は短命に終わると暗に示された。

すべての前兆や予知が、地震が起きたり、像が勝手に動いたりといったような極端なものであったわけではない。ガルバ帝の頭から花冠が落ち、聖なる鶏が驚いて飛び去ったという平凡なものもある。あるいは、雄鶏がウィテッリウス帝の肩に止まったというものもある。[3]

あらゆる前兆が破滅、凶事、断首を予見しているわけではなく、吉兆もある。アウグストゥス帝は以下のような吉兆に足を取られ、自由に動けなくなっていた。

◉幼児の頃、謎の失踪をしたが、塔のてっぺんで朝日に顔を向けて横たわっているところを発見された。

◉よちよち歩きの頃、うるさく鳴くカエルに鳴き止めと命じたら、その日以来その地域では1匹のカエルも鳴かなくなった。

◉子どもの頃、道端に座って無邪気にパンを食べていたら、ワシが急降下してきて、彼の手からパンを奪った。抗議もできずにいると、同じワシが戻ってきて、パンを彼に返した。

◉10代のとき、成人の祝典を行っている最中に、着用していた元老院議員用のトガの縫い目がほどけて、足首まで落ちてしまった。見物人は、これは元老院の命令が彼の足元にひれふす日が来ることを示していると解釈した。

◉ユリウス・カエサルの暗殺の後、若かりしアウグストゥスがローマに到着したとき、頭上に虹がかかっただけでなく、稲光がしたかと思うと、カエサルの娘の墓が壊れてしまった。さらに吉兆としては、ロムルスが王位に就いたときと同様に、12羽のハゲワシがアウグストゥスのもとに姿を現わした。

◉重要な戦いの前に、水の中から1匹の魚が飛び跳ねて、アウグストゥスの足元に落ちた。


こうした吉兆はすべて、気の毒なアウグストゥス帝と彼の半径2マイル（約3・2キロメートル）以内にいる人々にとっては、さぞかし荷が重いものだったに違いない。

現皇帝の父ウェスパシアヌス帝も同様に、将来は皇帝になると予言するさまざまな吉兆に、生涯を通じて悩まされた。例えば、ユダヤで戦っていたとき、彼が通りを歩くと必ず、像が向きを変え、奇妙な天候に急変し、見知らぬ人々から「あなたは世界を支配する」と声をかけられた。そして、彼はついに、ささやかな心の平安を得るためには、皇帝になるしかないと決意を固めた。

もっと個人的なレベルでは、もし奥さんは家出し、飼い犬は病気になり、あなたは仕事をクビになるという状況が出来《しゅったい》したら、明らかに何らかの形で神のご不興を買ってしまい、償いが必要であることを示している。

何か特別な宗教的祝日はありますか？

ローマでは、1年に何と135日が宗教的祝日に当てられている。これは多くの神を満足させるための賢明な方策だが、ローマが世界を支配していることを周辺の国々に知らしめるのにも役立っているのは確かだ。あなたが膨大な祝祭を見て回る手助けになるよう、案内をまとめてみた。

占星術や星占いは古代ローマではとても身近なものだった。しかしながら、他人、特に皇帝の星占いを頼むのは、ひどく不審な行為と見なされた。

避けるべき祝祭

ローマでは動物の生贄はごく普通のことだが、現代からの訪問者にとってはあまり気分のいいものではないだろう。祝祭には何らかの形で動物の死が含まれると心得ておくべきだが、特に4月25日のロビガリアの祭りでは、犬の生贄が捧げられるので避けた方がいい。

同様に、4月15日のフォルディシディアの祭りでは、妊娠中の牛が大地の女神テルスに捧げられる。また、4月半ばのチェリアラの祭りでは、火のついたたいまつをくくりつけられたキツネが、キルクス・マクシムスに放たれる。[4]

動物の生贄は残酷だから嫌いだと、地元民に明言してはいけない。こうした宗教的儀式を欠席する理由には、仮病を使うことを勧める。

参加する価値がある祝祭

メガレンシア

パレードが好きなら、メガレンシアがお勧めだ。4月4日に始まり、豊穣多産の女神キュベレを讃える6日間の華やかな祭典だ。キュベレは「大いなる母」とも呼ばれ、シリアとの大きな戦争の際にローマに入ってきた女神である。女神にはガッライと呼ばれる神官が付き従う。この小柄で陽気な宦官たちは、年に1度パラティヌスの丘にある神殿から解放され、色鮮やかなサフラン色のガウンを身に付けて、バラの花びらを投げ、香を大量にまきながらローマの通りを踊りながら練り歩く。太鼓とシンバルを打ち鳴らしながら、木造の船に乗って引かれていく女神の像に寄り添い、キルクス・マクシムスまで行進する。女神の像は定位置に就くと、女神に敬意を表して催される戦車競走や劇などの演目を見守る。ガッライの中には、同じデリケートな問題を抱える男性のために、自らの手で去勢を

> ローマの城壁の内側に墓所を設けることは禁じられている。死者には死者の町があり、ローマに通じるアッピア街道沿いに墓所が並んでいる。

行ったことを見せつけようとナイフを振り回してみせる者もいる。だから、彼らが踊りながらあなたの前を通り過ぎるまでは、目を閉じて脚を組んでいた方がいい。

パレンタリア

2月に催されるパレンタリアはきわめて私的な祝祭で、亡くなった人々、中でも自分の親族の魂を慰めるために開催される。家族でピクニックのように親族の墓所に出かけ、死者たちとご馳走を分かち合う。親戚一同が集まって、最後にとびきりのご馳走を食べながら静かに時を過ごすのだ。

アンナ・ペレンナの祭り

アンナ・ペレンナは年のめぐりの女神で、その祭りは現代の祝祭に最も近い。3月15日の夜、ローマ人たちはフラミニア街道沿いの、ティベリス川を見下ろす森の中にある狭い場所を目指す。そして、そこに肩を寄せ合うようにテントを張り、歌を歌い、陽気に騒いで盛大に酔っ払う。酒を飲むのはただ浮かれ騒ぐためだけではなく、重要な宗教的意味がある。飲み干した酒杯の数はこれから何年生きられるかを女神が教えてくれるのだという。残念なことに、女神から最も長寿を恵まれた人は、翌朝になるとそのことをすっかり忘れていて、また翌年の3月15日に同じことをする羽目になる。いったん飲んだ酒を騒々しく草むらへ吐き戻した場合、それも1年と数えるべきかどうかについては、明確な指示はない。

ルペルカリア

もし裸の若者たちがあなたを取り囲み、あなたに向けて革の鞭を荒々しく打ちつけたとしたら、次のふたつのうちのどちらかだと考えるのが妥当だ。

①あなたはフォルム・ロマヌムで市の立つ日にその種の「興味深い」パーティーがあることを耳にして、それに参加している。

または、

②ルペルカリアの祭りである。

ルペルカリアの祭りは毎年2月15日に開催される。この儀式では、パラティヌスの丘で犬が1匹と山羊が数頭生贄に捧げられる。ロムルスとレムスが雌狼の乳を飲んだまさにその場所だ。生贄の山羊の皮から作った革紐に取っ手を付けて鞭が作られる。この鞭が選ばれた数人の若者に与えられるのだが、その唯一の選定基準は、この役にふさわしい上流階級の息子ということだ。彼らの聖なる任務は、若い娘をその山羊の鞭で打ちながら、通りを裸で走ることだ。

これだけ聞くと、普段どおりの暮らしをしている娘に不快な暴力をふるっているように思えるが、実は娘たちの多くは、聖なる鞭打ちを受けられる場所に進んで出て行っている。ルペルカリアの日に山羊の鞭で打たれると、生殖能力が高まるという言い伝えがあるからだ。それと、若者の裸体が見られる良い機会でもある。そういうわけで、ルペルカリアの日が来ると、通りは娘やその母親、祖母たちでごった返す。

サトゥルナリア

サトゥルナリアは12月17日から23日にかけて催される、何とも楽しい祝祭だ。6日間にわたって賭け事、祝宴、贈り物、役割逆転といったありとあらゆる浮かれ騒ぎが解禁になる。サトゥルナリアの間、世界は逆転する。奴隷には日常に反して、主人から一緒に食事をすることも含め、さまざまな許可と自由が与えられる。主人の家族は奴隷の中からサトゥルナリアの王を選び、その日は王がすべてを仕切って、家族はそのすべての命令に従う。

サトゥルナリアのテーマは「自由」だが、奴隷が祝宴の王としての役割を使って、いつも自分が屈辱だと感じていることを主人に押しつけるのはどうかと思う。いくら世界が逆転したと言っても、良識の範囲内に収めるべきだろう。とは言え、奴隷たちにとっては、この祭りは自由というものをいくらか体験できる楽しい時間だ。この祭りでは、フリジア帽が標準的なかぶり物

デルフォイの神託は、ネロ帝に73という年に注意するよう警告していた。ネロは自分が死ぬ年だと思い込んでいたが、実際は彼の後継者ガルバの年齢だった。

とされているので、解放奴隷か自由人か奴隷かに関係なく、誰もがこの帽子をかぶれる機会でもある。そして、どんな色のトゥニカを着ても許される。とにかく、楽しく愉快であればいいのだ。サトゥルナリアで身近な人や大切な人に渡すプレゼントに、決まりはない。大切な人が喜んでくれると思うものを選べばいい。しゃれた文具セット、ほうき、ざる、それこそオウムでもいい。あるいは、詩を書いて贈るのもいいアイデアだ。12月のほとんどの日はみんな酔っ払っているので、あなたの詩がどれほどひどいかなど、少なくとも新年までは気づかないだろう。

結局のところ、サトゥルナリアでは、あなたも思いっきり楽しむことだ。あるいは、セネカに倣って、サトゥルナリアの始まりが年々早くなっていると、厳しく文句を言うのもいい。公共心に欠けると罵られるだろうが、少なくとも、他のローマ人のように、地獄の二日酔いに苦しまずにすむだろう。

ローマには他にも宗教はありますか？

信仰の対象となる神や女神の数の多さからすると、ローマでは誰もが信仰に関して束縛を受けず、好きな神を自由に信仰すればいいような印象を受けるが、これは事実とは異なる。信仰は国家によって厳しく統制されている。ローマの平安と繁栄が長く続くためには、神々を鎮めておくことがきわめて重要だからだ。

それゆえ、非ローマ的な神々を対象とした宗教的活動は疑わしく、危険をはらんでいる。宗教には人々の集団がつきものだからなおさらだ。国家は人々の集団に対し、極端なまでに懐疑的だ。なぜなら、集団はあっという間に暴徒と化すからで、暴徒はこれまでにもその勢いで物事を破壊してきた。そのため、政府は宗教的活動を厳しく統制している。

とは言っても、ローマにはさまざまな種類の宗教が存在している。現皇帝は最近ユダヤ人を課税の対象とするよう命じたが、それも当然と思えるほど多くのユダヤ人が居住している。そのため、町中では、年輩のユダヤ人男性が、割礼が済んでいるかどうか、すなわち課税対象かどうかを確認するために、衣服を脱ぐよう強制されるという不愉快な出来事が起きている。

ローマ人は幽霊の存在を信じている。そして、死者の霊を慰めるためにパレンタリアのような祝祭を行うが、来世に関しては定まった観念はなかった。

歴代皇帝のユダヤ人に対する寛容は、大きく異なる。ティベリウス帝とクラウディウス帝はユダヤ人をローマから追放し、ティベリウス帝は自身が「異国の」宗教的行事と見なしたものを禁止した。その法令には、ローマにも多くの信者がいる、エジプト人のイシス信仰も含まれていた。

現皇帝は宗教的儀式の維持に大変熱心なので、あなたは異国の宗教へ傾倒しているそぶりは決して見せてはいけない。皇帝は自身の姪に当たるドミティラ[6]を、例の奇妙なキリスト教とやらに改宗したかどで流刑に処している。皇帝はあなたにもためらうことなく同じ、あるいはより重い処罰を下すだろう。

ウェスタの巫女の死

紀元90年、ドミティアヌス帝はアルバンの別邸で聖職者による裁判を開いた。皇帝は貞操の誓いを破ったウェスタの巫女の長コルネリアに、最も重い罰を与えた。彼女は欠席してこの告発に弁明は行わず、不在の中で有罪が宣告された。同時期に生きていた小プリニウスは、この判決に対し厳しい見解を示している。ドミティアヌス帝がこの裁判を断行したのは、こうした宗教的慣習を厳守することで、自分の治世への評価が高まると考えたからだというのだ。

コルネリアへの処罰はあまりにも過酷だった。市内を引き回されたあと、身をかがめないと入れないような狭い地下墓所へ放り込まれ、その部屋は外側からレンガで塞がれた。コルネリアは生き

生きたまま葬られたウェスタの巫女の長、コルネリア。

たまま葬られたのだ。

こうして恐ろしい死を迎えるまでに、コルネリアは無罪を訴え、ウェスタの女神や他の神々に、自分は悪いことはしていないと証明してくださいと懇願した。自分が聖なる務めを果たしていたことは、ドミティアヌス帝が戦いで勝利を収めたことで証明されると泣きながら訴えた。このことは、道を踏み外したウェスタの巫女にこれほどの厳罰が下された理由でもある。誓いを破ったのは神への冒瀆であり、神の報復は免れない。それゆえ、神を鎮める必要があったのだ。ローマ市民は人間を生贄にすべきでないと言うが、ウェスタの巫女の処刑はきわめてそれに近い。

コルネリアの愛人と目された男たちは、フォルム・ロマヌムで公衆の前へ引き出され、鞭打ちという苦痛をともなう罰を与えられた。彼らも無罪を訴えていたが、鞭打ちによって殺された。

第12章 法と秩序

ローマには100万人近くの住民が住んでいるが、記録の上では犯罪率はきわめて低い。これは犯罪を記録する仕組みが整っていないからだ。

私が犯罪の被害者になる確率はどれくらいありますか？

正式な統計がないのではっきりとは言えないが、日没後にディナーに出かける前に遺言書を作成するべきだという詩人ユウェナリスの有益なアドバイスから考えるに、確率はかなり高い。だから、あなたも逃げ足の速さとか、相手に不快感を与えることなく貴重品を渡す能力など、適切な予防策を講じておくべきだ。

ローマの警備態勢はどうなっていますか?

整っているとは言えないし、正規の警察隊も存在しない。警察隊に最も近い存在は、アウグストゥス帝が組織したウィギレスだ。ローマの14の地区には約1000人のウィギレスが散在するが、彼らの主要な役割は消防士だということは心に留めておこう。ローマでは火事はかなり頻繁に起こるので、ウィギレスは火事を発見し、猛火が町中に広がる前に消し止める任務を担っている。

もしあなたが暴漢に金品を奪われているところにウィギレスが来合わせたら、手にしたバケツで暴漢の頭を殴りつけて強奪を止めようとするだろう。しかし、どこかに煙が一筋上がるのが目に入ると、ウィギレスは何のためらいもなくあなたを見捨て、そちらへ駆けつけるはずだ。

他にも、約4000名の都市歩兵大隊《コホルス》がいる。その主要な任務は社会秩序の維持であり、基本的には、群衆が暴徒化しそうな時点を見定めて、群衆の興奮が高まる前に介入して追い散らすことだ。

都市歩兵大隊は闘技場や劇場、戦車競技場《キルクス》で見かけることが多く、群衆が騒動を起こさないか見張っている。だから、路上強盗の集団に襲われたときは、彼らに助けを求めるといい。そうしないと、たとえあなたが暴力的に金品を巻き上げられていても、自分たちが介入するほど社会秩序を乱している

親衛隊員が皇帝の継承に加担したケースは結構ある。ティベリウス帝の親衛隊長官は皇帝を枕で窒息させて死期を早め、新皇帝カリグラの即位を促した。

とは言えないと判断するかもしれない。

ウィギレスと都市歩兵大隊以外に、もうひとつ武装戦闘部隊がある。親衛隊《プラエトリアニ》だ。約4000人の親衛隊員がウィミナリスの丘にある親衛隊の兵舎に駐屯している。彼らは皇帝の個人的な護衛だが、その時の気分次第では、殺人者にもなる。[1]

都市歩兵大隊と同様、親衛隊も社会秩序の維持のために組織されているのだが、かえって社会秩序を乱すこともある。だから、親衛隊に助けを求めるのはお勧めしない。彼らは一介の市民を助けるよりはるかに重要な任務を負っているのだ。

犯罪の被害者になってしまったら、どうすればいいですか？

権力に頼らずに解決するのがいちばんだ。その方が人生ははるかにシンプルになる。もし泥棒に遭ったなら、盗られた品物に懸賞金を出すと書いた張り紙をするのもひとつの手だ。ポンペイではこんな張り紙が見つかっている。「私の店から銅製の鍋が紛失しました。返してくれた人には銅貨65枚（セステルティウス）を差し上げます。泥棒の捕獲につながる情報を提供してくださった方には銅貨85枚を差し上げます[2]」

何の反応もなければ、近所の人に犯人の心当たりがないか、それとなく尋ねてみるといい。ここローマでは、噂話は主要な娯楽のひとつなので、誰かが悪党を知っている可能性は高い。犯人

皇帝の不興を買う

皇帝はローマ帝国最大の権力者です。皇帝の尊厳が侵害されると、住民は追放され、殺害されます。だから、皇帝のご機嫌を損ねないようにすることが非常に重要なのです。とは言うものの、私のような年季の入った宮廷内部の者でさえ、うっかりして皇帝陛下のご不興を買ってしまうことがあります。これまで皇帝がご気分を害された例を、いくつか挙げてみましょう。

◉皇帝のすげ替えを画策した。
◉皇帝一家の中に自分より優れた皇帝になりそうな人物がいる。
◉現皇帝が即位する12年前に皇位に就いていた人物〔ティベリウス帝を指す〕と関わりがある。[4]
◉現皇帝が即位する以前に13年間帝位にあった皇帝の側近く仕え、その自殺に手を貸した。[5]
◉現皇帝の家族と密通した。その女性が皇帝の妻だったとしたら、皇帝にとってこれ以上腹立たしいことはなく、相手の命は危うくなる。[6]
◉現皇帝の元妻と結婚した、または、現在の妻と過去に結婚していた。このことについて冗談を言ったりしたら、さらに皇帝の怒りに火を付ける要因となる。[7]

●カエサルの暗殺者ブルトゥスとカッシウスを主人公にした戯曲を書いた。
●ブルトゥスとカッシウスの子孫である。
●剣闘士の試合の結果を改ざんしたとして皇帝を非難した。
●戦車競走の青チームにブーイングした。
●背が高く、美男子である。
●傲慢である。
●紫の外套を所持している（かつて皇帝は紫の外套を着用していて人から似合うと誉められた）。
●皇帝の鶏小屋からクジャクを盗んだ。
●皇帝は最近離婚したが、それに似た筋書きの戯曲を書いた。
●ギリシア神話の英雄アガメムノン王が格好良く描かれていない戯曲を書いた。
●執政官《コンスル》選挙の当選者を係員が言い間違えて、執政官ではなく皇帝と紹介してしまった。
●尋常ではない天気の日に生まれただけで、皇帝

ドミティアヌス帝、怒らせてはいけない男性。

になる前兆だと言う人がいる。
◉奴隷にハンニバルという名を付けた。
◉神格化された皇帝の像が付いた硬貨を持ったまま便所に入った。[8]
◉神格化された皇帝の像の近くで衣服を着替えた。

の目星がついたら、あなたの所有物を取り戻しに行こう。屈強な友人を連れていくことをお勧めする。あるいは、暴力が恐いなら（暴力が恐い人がなぜローマにいるのか？）、パトロヌスのシステムを利用しよう。あなたのパトロヌスは、あなたより大きな権力を、そして、おそらくはより屈強な友人を持っているだろう。パトロヌスは適切な尋問をし、適切な人の力を借りて、あなたの所有物を取り戻してくれるはずだ。そして、他人を頼っても所有物を取り戻せなかったら、残るは神頼みだ。泥棒への呪いの言葉として、このようなものが残っている。「その者に死をもたらし、眠りを奪い、今後子どもを決して授けぬようにしたまえ——女神の聖なる神殿にその者が私のマントを返すまでは[3]」

犯罪者に適正な処罰を与えるには、どうすればいいですか？

ローマには検察官も捜査機関も存在しないので、誰かが公式に告発しない限り、犯罪は犯罪と見なされない。告発する場合は、地元の政務官、たいていは法務官《プラエトル》に訴え出る。そのときに必要なのは、当然のことながら、告発すべき相手だ。あなたと被告の両人が役人のもとへ出頭を命じられる。そして、役人が裁判の対象とすべきかどうか判断する。裁判の対象と判断されたら、裁判官が指名され、数日のうちに裁判の日程が決まる。

ここからが面白い。ローマの裁判は、大勢の熱心な見物人が見守る中、野外で行われる。ローマに警察組織はないので、裁判と処罰は抑止力として公衆に示される必要がある。裁判は娯楽の役目も果たしているので、犯罪が目新しいもの、あるいは痛ましいものであればあるほど、見物人の数は増える。

自分が起こした提訴はありふれたものなので、群衆が集まらないのではないかという心配は無用だ。見物人は雇うこともできるからだ。ちゃんと謝礼を出せば、彼らはあなたの裁判が有利に運ぶように、息をのみ、歓声を上げ、拍手を送ってくれる。[9] 裁判はとてつもなく長時間続く場合があるので、「サクラ」を雇うのはコスパが良いと言えるだろう。陳述の時間として、原告側には6時間、被告側には9時間割り当てられている。これは単なる最長限度で、もっと短時間で終わるのだろうと思ってはいけない。法律家は限度いっぱい話し続ける。[10] 最後まで適切で健全な拍手を維持するためには、サクラには丸一日裁判に付き合わせるのに見合った額の謝礼を渡すことが不可欠だ。

有罪と決まった人には、どのような処罰が下されるのですか？

警察組織が存在しないので、犯罪の根絶には抑止力に重点が置かれる。ローマの刑罰の中に少々厳しすぎるように思えるものがあるのはそのためだ。ローマで最初の成文法は共和政時代始めに制定された十二表法で、ここに犯罪に対する処罰が記載されている。例えば、納屋を全焼させたり、穀物の供給を損なったりした者は、生きたまま焼き殺される。家畜を隣人の農作物の畑に放牧した者は、絞首刑に処せられる。このことから推察するに、初期のローマ社会は反目し合う農民であふれていたため、恐ろしい刑罰を科し、その恐怖で抑えこむしかなかったのだろう。

刑務所もあるが、刑に処されるまで犯罪者を収容しておくための場所にすぎない。刑罰は、犯した罪と犯罪者の社会階級によって決まる。奴隷と自由人では、同じ罪を犯しても異なる刑罰が下される。

奴隷が主人を殺害したら、その家の奴隷は、たとえ殺害に関与していなくても、全員処刑される。

ローマ市民であれば、拷問、鞭打ち、はりつけの刑には処せられないので、安心していい。また、皇帝に直訴もできる。皇帝にはあなたの言葉に耳を貸したり、会ったりする義務はないが、幸運にも皇帝が寛容さを示したなら、あなたに有利に働くかもしれない。

あなたが喜びそうなことを教えよう。たいていの犯罪はお金を渡すことで

父殺しに対するローマの刑罰は実におぞましいものだ。犯罪者は犬、猿、蛇、若い雄鶏と一緒に皮袋に入れられ、袋の口を縫い付けた上で、川へ放り込まれる。

解決できる。物を盗んだり、他人の所有物に損害を与えたりしたら罰金を科せられるだろうが、この所有物には奴隷も含まれる。だから、他人の奴隷からどれほど無礼な扱いを受けたとしても、決して触れてはならない。

死に至らない刑罰としては、罰金の他に鞭打ちもある。耐えがたい痛みをともなう鞭打ちだが、自由人はさおで打たれるので、多少はましだ。奴隷は鞭で打たれ、より苦痛は大きい。

もっと重い罪を犯した者には重労働が課せられ、ひどいときは鉱山へ送られる。これは必ず死に至るというまことに恐ろしい運命だ。

処刑に関しては、自由人である市民ははりつけと拷問は免れるが、撲殺、火あぶり、打ち首、猛獣が放たれた闘技場での死は免れない。また、ティベリウス帝の時代から、奴隷がヒョウに食い殺される刑に処せられる前に、主人にはその奴隷を正式な裁判にかける義務が課せられている。このことを知ったら、奴隷も少しは慰められるかもしれない。

上流階級に対する処罰

今から話すことはあなたを不安にさせるだろうから、気持ちをしっかり持って聞いてほしい。

上流階級に対する処罰のひとつに、皇帝との友情を放棄することがある。つらい処罰だろうが、ヒョウに顔を食いちぎられるよりは明らかにましだ。処罰として、これは上流階級のプライドと市民としての義務感を利用して、屈辱を与える罰である。ローマ人の生活は開けっぴろげで、何もかも筒抜けなので、皇帝とのつながりを放棄したり、ある種の行事から除外されたりすれば、たちまち知れ渡ってしまう。ローマ中に、自分は称賛に値しない人間だと公表しているようなものだ。友人でもクリエンテスでも、このような望ましくない人間と関わりを持ちたがるだろうか。彼らにとっては、避けることが得策だろう。こうして皇帝の支持、そして上流階級の仲間の支持を失ってしまったら、もはや出世は望めない。

上流階級に対する処罰としてこれ以外によく耳にするのが、ローマからの追放だ。これには一時的な追放と永久追放がある。追放先は居心地のいい場所かもしれないし、非常に暮らしにくい土地かもしれない。どちらにせよ、前もって通知を受けるから、ローマを離れる前に荷物をまとめる時間はある。

ローマ人の一致した思いとは、ローマは世界の中心であり、唯一の住むべき町なので、愛するローマを追い出されるのは非常に胸が痛むというものだ。追放されれば、社会だけではなく、政治体制からも完全に排除される。一時的な追放なら、ローマに帰還してから生活を立て直せるかもしれないが、名前は永久に汚されたままだ。ましてや城門の外で落ちぶれた暮らしをしている人々の

ローマから追放された著名人の中には、雄弁家のキケロ、詩人のオウィディウスやユウェナリス、それに皇族も多数いて、現皇后ドミティアもそのひとりだ[11]。

ことなど、誰が覚えているだろう？

上流階級の人々は、たとえ罪を犯して捕まっても、しばらく海沿いの別荘で気楽に暮らしていればすむ。それではいくらなんでも不公平だと思うのは、おそらく正しい意見だろう。だが、上流階級の人々にも、追放より厳しい処罰が下されたこともある。勅令による自殺である（自由意志による死と呼ばれることもある）。もちろん、真に自由意志による死ではなく、暗に「自分の始末は自分でつけろ。そうすれば、面倒なことに煩わされずにすむ」と告げられるのだ。これはまた、裁判で7時間におよぶ陳述を回避する良い方法でもある。しかし、皇帝からのこのような書状を受け取れば、まさに胸がつぶれるような思いだろう。特に、晩餐会への招待状かと期待した場合は。

自死する際は、ネロ帝のパーティーの仕切り役であり、「典雅の審判者」でもあったペトロニウスをまねるのもいいだろう。彼は手首を切ったあとで、最後の特別なお別れパーティーを開き、友人たちと会話を続ける時間を稼ぐために、何度も血管を縛った。そうして数時間を過ごす間に、自分の死後もネロ帝の好物が皇帝のもとに届くよう書き置きを残したと言われている。

第13章 政治

どうすれば政治に参加できますか？

ローマは現在事実上君主制[1]を敷いているので、一般的なローマ市民であるあなたが、どの程度政治に参加できるだろうと思うのも当然だ。その答えはというと、実は驚くほど参加できる機会はたくさんあるのだ。

あなたが男性市民なら、投票権が与えられる。ローマ市民はまず種族で分けられ、次に種族内で百人組《ケントゥリア》［古代ローマの政治単位。人数は必ずしも100人とは決まっていなかった］に分けられ、さらに百人組の中で財産によっていくつかの階級に分けられる。こうした区分に従い、官職の選挙で投票できる回数が決まる。

投票権によるパワーを見くびってはいけない。上流階級の息子が、造営官《アエディリス》や財務官《クアエストル》といった選挙で決まる要職を得ながら権力の階段を上っていく間は、とてつもないプレッシャーがかかる。競争は非常に激しく、そのため選挙は一般のローマ市民にとって喜ばしいニュースだ。選挙が近づくと、上流階級の坊やたちが必死になってあなたの一票を獲得しようとするからだ。

そのため、選挙とは、上流階級の人々が突然平民と仲良く付き合いたがる珍しい機会と言える。投票の準備期間として、候補者たちは大部分の時間をフォルム・ロマヌムで過ごし、見事な演説を行って訴えを拡散する。候補者は名覚え奴隷《ノーメンクラートル》[2]を雇い、集まった人の名を小声で教えさせる。そして、相手を個人的に知っているかのように挨拶するのだ。その目的は、この候補者はこの町におけるあなたの最高の親友で、心からあなたのためを思っていると信じ込ませることだ。

この機会を利用しない手はない。あからさまな賄賂は法律違反だが、あからさまな恩恵くらいなら大丈夫だ。これならパトロヌス・クリエンテスの行動規範に該当する。つまり、たまたま近々行われる同じ選挙に立候補することになった何人かの男性が、突然より多くの、おそらくは何百人ものクリエンテスが必要だと判断したということだ。

選挙期間以外は、金持ちはほとんど貧乏人のことを気にかけたりしない。だから、金持ちの影響力を利用できる絶好の機会を逃してはいけない。ありがたいことに、その男性は必ず力になってくれる。候補者は、自分が「高潔なローマ人」の特性をすべて持ちあわせていることをしきりに証明したがっていて、そのひとつが寛大さなのだ。ここぞとばかりに、誰でも参加できる晩餐会でたっぷりご馳走になり、穀物の無料配給や手渡された現金をありがたく受け取ろう。

紀元前53年の執政官選挙では、ふたりの候補者は人々の支援を勝ち取るために、1000万セステルティウス支払う準備をしていた。

投票はどのように行えばいいですか?

投票は野外で行われるので、晴れの日は快適だが、悪天候の日は快適とは程遠い。フォルム・ロマヌムまたはカンプス・マルティウスまで早めに出かけよう。なぜ早めにかというと、ローマの有権者全員を受け入れるスペースがないからだ。投票はトリブス［投票権を持つ市民を居住地や資産などによって区分したもので、投票単位として使われた］ごとに行われ、そのトリブスで投票の過半数を獲得した候補者がその集団によって選ばれた者として次の段階へ進む。選挙は集団で、財産の多い順に行われるので、金持ちが最初に投票し、貧乏人は最後になる。

共和政時代には、投票は口頭で行われたが、公開の場で脅迫を受けやすいと判断されて、現在は人目に触れないように、選んだ候補者の名前を蠟《ろう》板に書いて投票を行う。

キケロ、堂々とした演説のポーズ。

選挙権がなくても、政治に参加できますか？

もちろんできる。思い出してほしい。立候補者は毎日フォルム・ロマヌムで演説を行い、自分がある官職に選出されるべき理由を説明する。この機会を利用して、候補者を質問攻めにするのだ。うまく問い詰めると、その候補者を見る世間の目が厳しくなり、選挙で選ばれる可能性が低くなる。あるいは、質問攻めにしているやつらを大声で怒鳴りつけたら、支援している候補者を勝たせることもできるだろう。

選挙に関与して結果に影響を与えたいなら、落書きで大衆を説得するという方法もある。ローマでは選挙が近づくと、城壁にさまざまな立候補者を応援する広告が殴り書きされているのをよく見かけるようになる。中には署名入りの広告もあるので、どの著名人がどの候補者を支援しているかがわかる。あなたも応援している候補者について落書きを残して、選挙に参加するといい（自分の家の壁に書くのが無難だが、そうでなければ、まず家主の許可を取ろう。あるいは、落書きしたら即走って逃げるかだ）。こうした支援の広告は、選挙権のない人でも出すことができる。女性が署名入りで好みの候補者の広告を出したり、何人かでひとつの広告を出したりすることもよくある。ポンペイで見つかった選挙用の張り紙には、漁師、タマネギ売り、床屋、ある

アウグストゥス帝は選挙における買収をなくす試みとして、候補者から賄賂を求めるのを止めさせるため、あるトリブスのメンバー全員に1000セステルティウスずつ渡した。

ポンペイで発見された２万5000の書き込みや落書きのうち、2500が選挙に関するものだった。

ネロ帝が妻のオクタウィアと離婚したとき、民衆はネロが外出するたびに反感を声に出してぶつけた。同様に、ドミティアヌス帝は世論の圧力に負けて、皇后ドミティアを追放先から呼び戻した。

いは売春婦まで、支援者の職業名が入っている。また、貧困者や生活困窮者が、ある候補者を応援すると主張する書き込みもある。

官吏に不満がある場合、私にできることはあるでしょうか？

次回その官吏が選挙に立候補したとき、投票しなければいい。あるいは、より直接的な行動を起こすこともできる。ウェスパシアヌス帝がまだアフリカ総督だった時代、地元民からカブを投げつけられた。クラウディウス帝は穀物の不足に悩む市民から、固くなったパンを投げつけられた。アウグストゥス帝でさえ、若いとき、カエサルに反旗をひるがえしたセクストゥス・ポンペイウスとの戦いに不満を持つ市民から、石による攻撃を受けた。

不満を訴えるのに、そういう行動はあまりに暴力的だと思うなら、[3]もっと平和的な手段もある。闘技場や戦車競技場《キルクス》に出向いて、大声で直接皇帝に不満をぶつけてみてはどうだろう？　あるいは、皇帝に対する不満を表す方法として、皇帝が気を悪くするような歌を作り、皇帝に向かって歌ってみるという手もある。

政治的暴力

共和政期後半になると、政治における暴力の使用は当たり前のことになった。紀元前50年代までは、政治家が自分で暴徒を雇うのが常套手段だった。これは地元住民（とりわけ失業中の剣闘士）にとって雇用を増やす良い方法だっただけでなく、政治家が通過をもくろんでいる法律に、住民が反対票を投じるのを防ぐ手段でもあった。

グナエウス・ポンペイウス・マグヌスは自分で雇った暴徒を使って、執政官ビブルスの頭に堆肥を浴びせかけ、フォルム・ロマヌムから敵対者を追い払った。こうして、土地に関する法律は彼の希望通りに可決された。しかし、ほどなくポンペイウスはクロディウスが雇った暴徒の標的となる。彼らはローマ中ポンペイウスの跡をつけまわし、彼の演説に「他人を探している男を何と呼ぶのか、ポンペイウス！」とか、「自分の頭を1本の指で掻く男を何と呼ぶのか、ポンペイウス！」などと目覚ましいやじを飛ばした。[4] こうした相手を傷つけるやじにも、明らかに幾分かの真実は含まれていたため、ポンペイウスは大いに苛立ち、フォルム・ロマヌムへ出かけて演説をするより、家にいた方がましだと判断した。だが、おそらくポンペイウスはこのとき、クロディウスが自分のもとに殺し屋を差し向けたことにも影響されたのだろう。

その年の造営官《アエディリス》を選ぶといった小規模な選挙にさえ暴力が使われるようになると、フォルム・ロマヌムではさまざまな暴徒の抗争が繰り広げられるようになり、流血の闘いで命を失う者もいた。紀元前53年の選挙で、クロディウスは法務官《プラエトル》に、暴徒を使う宿敵のミロは執政官に立候補したが、市中で本格的な抗争が勃発したため、選挙は中止された。

紀元前52年のある日、クロディウスとミロ（それに彼らが雇った暴徒）がたまたまアッピア街道で鉢合わせした。そして、大規模な抗争が始まり、クロディウスが殺された。クロディウスの支持者たちは怒りのあまり元老院議事堂を焼き払い、哀れなキケロを激しく恫喝《どうかつ》した。そのため、キケロはミロが殺人罪で訴えられた裁判で、締めくくりの演説ができなくなってしまった。雄弁なキケロの演説がなかったことで、ミロは有罪となり、追放された。

謝辞

私の漠然とした、うまく言葉で表せないアイデアを理解し、素晴らしい年表と地図を作成してくれたサイモン・ウォルポールに深く感謝する。ホルテンシアとアヤクスを描き出してくれたキャロル・クリオ・バレルにも感謝している。私は彼女が送ってくれたどのスケッチにも見た瞬間恋に落ち、彼女の才能に畏怖の念を抱いた。スコット・ローランドには、休日に撮ったスナップ写真を使わせてくれた親切に感謝している。フィービー・ハーキンズと彼女の魔法のような司書としての能力に感謝したい。彼女は私に必要な本を、いつもわずかな時間で正確に選んでくれた。

古典（古代ギリシア・ローマの文学作品）研究のＴｗｉｔｔｅｒは専門家が集まる宝の山のような場所で、私は本書を執筆している間にいくつか貴重な助けを得ることができた。中でも、ソフィー・ヘイ博士、ヴァージニア・キャンベル博士、ジェーン・ドレイコット博士は、私のときにはばかげた質問に答えてくださった。また、ロブ・クロマティ博士は、モザイク画に関する興味深い物語を見つけるのにご尽力いただいた。

ローマとビザンティンの歴史に関するFａｃｅｂｏｏｋグループのメンバーのみなさんからは、私の多くの急を要する質問に、有益で思慮深いご意見をいただいた。心から感謝を捧げる。

原注

古代ローマへようこそ

1 古代ローマで一般的に行われていた刑罰。第12章参照。

2 Pliny, *Natural History* VII.130（『プリニウスの博物誌』、中野定雄、中野里美、中野美代訳、雄山閣、1986年）第7巻130

3 ファレリオ・ワインは最高のローマ産ワインと見なされている。最も高価なワインでもある。

4 古代ローマの詩人ウェルギリウスは、叙事詩『アエネーイス』のひとつの章で、アエネーイスがローマ帝国の将来の繁栄と威容のビジョンを見せられる場面を描いている。驚くべきことに、こうしたビジョンを見ても、アエネーイスはひそかにローマを建設しようとも、その栄光を自分のものにしようともしなかった。

5 ウェスタは家庭と竈《かまど》の女神で、この女神に使える巫女をウェスタの巫女と呼んだ。巫女たちの主要な任務は、ウェスタの聖なる炎を燃やし続け、四六時中その火を見守ることだった。

6 ローマの神々は、常に戦いではどちらか一方の味方をし、人間の女性を妊娠させ、人々の人生を破滅させてばかりいる。しかも、まったく反省しない。

7 ローマ神話には、羊飼いが捨てられた赤ん坊に出くわす場面が多い。いくら羊飼いという仕事が簡単でたいした収入がないと言っても、かなり支障をきたしたに違いない。

8 しかしながら、壁や床、天井は取り替えられているので、当時のままとは言い切れない。おそらくドアは、あるいはドアノッカーだけは、当時のままだ。

9 Livy, The *History of Rome* I.5（リウィウス著『ローマ建国以来の歴史1』、岩谷智訳、京都大学学術出版会）第1巻5。

10 新しい都市を建設するに当たり、こうした状況は一般的とは言えない。建国当初から異邦人を大勢城壁内に住まわせたローマは異色だ。そして、「サビニの女たちの略奪」［住民の大部分が独身男性になり、子孫を残すために近隣のサビニ族の女性を強奪した事件」と呼ばれる胸が悪くなるような事態を引き起こしたのは、まさにこうした外部から入ってきた男たちだった。どんな言葉をもってしても、この事件の不愉快さが和らぐことはない。

11 リウィウスの『ローマ建国以来の歴史』には、ロムルスはサビニ人、クルストゥメリウム人、ラウィニウム人、フィデナエ人、ウェイイ人と戦ったと記録されている。何とも忙しい男である。

12 Livy, *History of Rome* 1.59（リウィウス著『ローマ建国以来の歴史1』、岩谷智訳、京都大学学術出版会、２００１年）第1巻59。

13 カルタゴの将軍ハンニバルは、ゾウの隊列を引き連れてアルプスを越えてイタリアに入り、一帯に大混乱を巻き起こした。ファビウス・マクシムスが率いるローマ軍の戦略は、敵軍を無視して、立ち去ってくれるのを待つというものだった。驚くべきことに、作戦どおりにハンニバルは本国へ召還され、第2ラウンドもローマの勝利に終わった。

14 メアリー・ビアードは著書『ＳＰＱＲ　ローマ帝国史』（宮崎真紀訳、亜紀書房、２０１８年）のなかで、紀元前4世紀末までに、ローマは召集できる兵士を50万人以上有していたと見積もっている。これはかなりの戦力だ。

15 騎士とは元老院議員の下の身分を指し、間違いなく、少なくとも平民と同じくらい優秀な暴徒を形成することができた。

16 将軍が兵たちの支持を獲得できたのは、ローマの継続的な勢力拡大により、兵たちに戦利品をふんだんに与えられたからでもある。また、将軍たちは兵を鼓舞する演説がとても上手かった。

17 カエサルの改革で最も長続きしたのは暦の改革だった。それまでのローマ暦は実際の季節の推移とまったく一致していなかった。また、カエサルは12か月の長さを統一した。

18 カエサルは究極の民衆派《ポプラレス》であり、遺言としてローマ市民にひとり当たり75ドラクマと、市民の憩いのための庭園を残した。ローマ市民はこれを大層喜び、当然のことながら、カエサルの暗殺者には多少反感を抱いた。おそらく新しい独裁官からも金が支給されると期待していたのだろう。

19 あなたが30歳以下なら鼓舞されるが、そうでなければ大いに気が滅入るだろう。

20 親衛隊長官は、皇帝個人の護衛のトップだ。だが、思い上がった親衛隊長官はセイヤヌスが最後ではなく、その後何世紀にもわたってローマに問題と混乱を引き起こし続けた。セイヤヌス自身は、ティベリウスがついに彼の卑劣さに気づいたときに血まみれの最期を迎えた。処刑され、彼の像はひとつ残らず破壊された。

21 カリグラ殺害計画には多くの人々が関与し、彼らにはきわめて妥当な理由（「狂気の皇帝はいらない」とか）があったが、そうした理由はすべて、親衛隊員まで務めたカッシウス・カエレアの理由の前にはぶっ飛んでしまうだろう。カエレアの動機とは、自分の声は少々甲高いが、カリグラはいつもその声を揶揄《やゆ》するような冗談を言ったからというものだ。「解放者」と呼ばれたブルトゥスや「カエサル殺し」のブルトゥスと比べると、明らかにカリグラの暗殺者は品位が劣る。

22 ユリウス＝クラウディウス朝という時代は、まるで毒盛り大会のようだ。クラウディウスの不運な息子ブリタニクスは宮廷晩餐会で、大勢の目の前で華々しく毒殺された。ティベリウスの息子ドルススは、卑劣なセイヤヌスに毒を盛られた。カリグラは戦車競走のライバルチームが出場できないように、馬と馭者の両方に毒を盛った。ネロはきわめて強力な下剤を使って叔母を毒殺した。

23 伝えられるところによると、ネロの詩の朗読会の最中に出産した女性がひとりならずいたという。しかも、まったくあり得ないことだが、その赤ん坊は同じ朗読会で受胎したとも言われている。朗読会はそれほど長かったということだ。

24 汚い話で恐縮だが、「激しい下痢」だったという。

25 ユダヤ戦争にはウェスパシアヌスもティトゥスも参戦し、ユダヤ人の反乱をむごたらしく掃討した。何十万人ものユダヤ人が殺され、エルサレムの神殿は破壊された。生き残った反逆者は奴隷となり、大部分はローマに連れてこられて労役に就いた。それ故に、多くの人々にとってティトゥスは戦争の英雄というより、戦争犯罪者なのである。

26 ヴェスヴィオス山は、それまでは普通の山だと思われていたのだが、紀元79年に実は活火山だったことを派手に暴露し、ポンペイとヘルクラネウム、その他いくつかの町を破壊した。ティトゥスはこの災害にひどく動転しつつ、噴火を生き延びた人々への災害救助を自ら手配した。

27 いつの世も、当代の皇帝については慇懃《いんぎん》な態度を示しておくのが賢明だ。亡くなった後で、自由に胸の内を吐露したり、その像におしっこを引っかけたり、奇行についておぞましい詩を書けばよい。とは言っても、このような抗議に取りかかるのは、公式な評価が発表されるまで待つべきだ。思いがけず皇帝が神格化されてしまったら、こうした抗議は宗教的儀礼に過激に盾突くことになる。ごくごく些細なこと（皇帝の肖像が彫られた硬貨をポケットに入れて小用を足したというような）でも、反逆罪裁判にかけられることがあるのだから。

28 Juvenal, Satire III.232（ペルシウス、ユウェナーリス他著『ローマ風刺詩集』、国吉吉之助訳、岩波文庫、2022年）第3巻232。

29 最近では紀元80年だが、紀元前83年と紀元69年にも焼失している。あとの2件は内戦の結果であり、ユピテル神が気まぐれに雷を落としたわけではない［ローマ神話のユピテル神は雷を司るとされている］

30 執政官が丸1年務めるとは限らなかったため、この表示方式は厄介だ。ティトゥス・フラウィウス・クレメンスは宗教がらみの問題で年末までに処刑されるので、任期を全うすることはないだろう。

31 皇帝が自分の名前にちなんで月の呼び名を変えるのは、ドミティアヌス帝が最初ではない。8月はアウグストゥス、7月はユリウス・カエサルにちなんでいる。カリグラとネロも月の呼び名を変えたのだが、ドミティアヌスと同様、結局は定着しなかった。

32 これは親衛隊長官セイヤヌスがひとりの少年に支払った額だ。彼は少年を「若いつばめ」という意味のパエゾンと名付けた。

33 オクタウィアヌスという名前は、ユリウス・カエサルの遺言によって養子になったことからこのようになった。感謝の意を表すために、オクタウィアヌスはユリウス・カエサルを神格化した。「ディヴィ・フィリウス」は「神の子」という意味だ。マルクス・アントニウスとの10年にわたる接戦においても、この名は大いに役立った。

34 これは、ファビウス・マクシムスに（愛情深い？）両親から与えられた残念なコグノーメンだ。彼の上唇にはイボがあった。ファビウス・マクシムスはコグノーメンを付けられやすいたちだったようで、両親は彼の物静かな性質から、「小さな子羊」という意味の「オヴィキュラ」という名前も与えた。哀れなイボだらけの子羊には、将軍として華々しく成功をおさめるしか道はなかった。そして、彼は第2次ポエニ戦争で見事これを実現したのである。

35 マルクス・トゥッリウス・キケロは紀元前1世紀の弁論家で法律家でもあった。彼の言葉は頻繁に引用されている。「庭園と図書館さえあれば、あなたに必要なものはすべて揃っている」は名言だ。

36 どちらもギリシア神話から取っている。ナルキッソスは、よく知られているように、水に映った自分の姿に恋をする。パラスは巨人族の軍神だ。

第1章　社会階級

1 しかしながら、興味深いことに、戦車競走ではこのような男女差別的な分離はない。

2 クルスス・ホノルムの地位は、財務官《クァエストル》から始まり、按察官《アエディリス》、法務官《プラエトル》、そして、執政官《コンスル》に至る。家柄の良い息子は、これらの出世の階段を上っていくものと思われているが、そうなる保証はどこにもない。官職はすべて選挙で決められ、選挙権を持つローマ市民は気まぐれなことで悪名高い。また、他の良家の息子と激しい競争になることもあるだろう。クルスス・ホノルムの段階を上っていくことは大いなる名誉であるが、上れなかった者にとっては大いなる不名誉になる。

3 ガリア人に対する偏見は、彼らがズボンをはいていることに深く根ざしているようだ。何にもまして、ズボンが野蛮人の印のように思われたのだ。あなたもズボンをはくのは家の中だけにしておくよう強く忠告しておく。

4 ドミティアヌス帝には、元老院議員を、おそらく不当に迫害したというレガシーがついて回る。他の皇帝に比べると処刑した人数ははるかに少ないのだが、そう言われても今日の元老院議員にとって、あまり気休めにはならないだろう。処刑されたい人などひとりもいないのだから。

5 大プリニウスの『プリニウスの博物誌』（中野定雄、中野里美、中野美代訳、雄山閣、１９８６年）第9巻に、「道徳観の低下は海の産物によって引き起こされる」という意味の記述がある。これはボラにとって少々不当な言い草だ。

6 例外は哲学者エピクテトスで、彼の主人自身も皇帝ネロの元奴隷だった。エピクテトスは哲学に関する著述の中で、自分が解放奴隷の身分であることをほのめかしている。注目すべきは、解放奴隷が奴隷を所有していただけでなく、奴隷が奴隷を所有することも珍しくなかったことだ。

7 ネロの母親アグリッピナは、息子が解放奴隷の女性に熱を上げていることをよしとせず、その関係を終わらせようとあれこれ手を尽くした。その成果は完ぺきとは言えなかった。ネロはよりふさわしい女性と義務的に結婚したものの、アクテはネロの愛人として振る舞いつづけ、ネロの葬式にも参列した。

8 カリグラの私設秘書カリストゥスは、カリグラの残虐な血にまみれた暗殺の手引きをした。同様に、クラウディウス帝の毒味役ハロトゥスの協力なしには、毒キノコが皇帝の胃袋におさまることはなかっただろう。1年後にドミティアヌス帝の大事件も、宮廷の御用係が簡単に皇帝に近づけるからこそ起きるのだ。しかし、今のところ、幸いにもドミティアヌス帝は解放奴隷たちの意図にまったく気づいておられない。

9 *Natural History*, vii.36.（大プリニウス著『プリニウスの博物誌』、中野定雄、中野里美、中野美代訳、雄山閣、１９８６年）第7巻36

10 ばかげた話だが、クロディウスの養父は彼よりはるかに年下だった。共和制時代の多くの護民官と同様に、クロディウスもむごたらしく殺された。

11 トラキア人の剣闘士スパルタクスは、ローマ史上唯一の奴隷による反乱のリーダーで、7万人の奴隷軍団を率いた。奴隷に対する厳しい規則や刑罰の背後には、スパルタクスの乱の再発への恐れがある。

12 奴隷時代にダンサーだった解放奴隷に関する事

例が法律書に載っている。元主人からちょっとダンスを見せてくれないかと所望されたら、解放奴隷は無報酬でダンスを披露しなければならないという規定がある。元主人の友人が催す舞踏会でも同じだ。こうした義務は、必ずとまでは言えないが、性的な接待にもおよぶ。

13 アヤクスはここで自慢しているわけではない。彼は正真正銘の重要人物であり、クリエンテス志望者ならこのことを知っておくべきだ。謙虚な人はローマではやっていけない。この町でうまくやっていくために心得ておくべきなのは、多くの会話が「私が誰だか知らないのかね?」で始まり、相手の経歴をすべて聞かされるということだ。それを聞いて、相手は親しくなる価値があるかどうかを判断する。

14 小プリニウスの手紙に、ローマ人にとって「友人(amicus)」がどれほど有益なものだったかを物語る記述がある。現代の読者からすると、小プリニウスは長年にわたり自分が友人たちをどれほど助けてきたかをいつも自慢して、「プリニウス、よくやった。きみはすごい人だ」と誉めてほしがっているように思える。だが、これがアミーキティアなのだ。これまでに相手に与えた親切を書き連ねて、それから自分の頼み事を始める(小プリニウスは自分以外の人のために頼み事をしていることが多い)。ローマの詩人マルティアリスの場合は、皇帝に自分の詩を読んでほしいがために、ドミティアヌス帝の解放奴隷の侍従パルセニウスにいくつも詩を書いて送っていた。

第2章 家族

1 殺害にまで至るケースはまれだ。王政時代にまでさかのぼれば実例が見つかるが、その信ぴょう性には疑問が残る。親族の殺害は、法律上は可能だが、現実にはあり得ないように思える。

2 オトはアミーキティアをうまく利用し、はるかに年上の解放奴隷の女性と恋に落ちたふりをして宮廷に入りこんだ。オトは宮廷へ入りこむ足がかりにすることで、この密通から恩恵を得たが、相手の宮廷勤めの名もない解放奴隷の女性も、おそらく別の方法で恩恵を受けたのだろう。

3 ユリアの教育には糸紡ぎや機織りの教習も含ま

れていた。また、威厳を損なう言葉は決して口にしてはいけない（宮廷日誌に記録されるから）、決して見知らぬ人、特に男性とは親しげに会話をしてはいけないとしつけられた。

4 ユウェナリスの批判の被害者は女性だけではない。彼はすべての人に憎しみの目を向けて批判する。遠慮というものを知らないのだ。

5 紀元前2世紀に生きていた大カトを例にとると、カトは、セックスは怠惰な奴隷にとってのよい治療だと信じ、奴隷がお金を払えば自分が所有する女奴隷と寝る許可を与えた。もちろん、女奴隷はこの企てに口答えできなかった。カトは奴隷が自分に陰謀をたくらむのではないかと恐れて、奴隷たち同士が反目するよう仕向けた。奴隷は小さな失敗でも革紐で鞭打たれた。もっと重大な過失を犯した奴隷は、仲間の奴隷の前で尋問して殺した。老いて役に立たなくなった奴隷を排除したくなると、硬貨数枚で売り飛ばした。大カトの伝記を著したプルタルコス（執筆は300年後）でさえ、大カトの奴隷に対する態度にがくぜんとして、どれほど不快感を覚えたかを明確に書き記している。

6 詩人マルティアリスは、ポンティクスが奴隷の舌を切り落とし、はりつけにしたことに恐れおののいている。「あなたにはわからないのだろうか。その奴隷は語ることができなくても、我々は語れるのだ」（『エピグラム *Epigrams*』2・67）。

7 ローマ人は、健康や人間性を含め、多くの要素を風土と結びつける。風土が健康に対してどんな意味を持つかについての詳細は、健康や薬の章を参照。基本的に、ヨーロッパ北部の寒冷な地方の住民はきわめて勇敢な戦士になると考えられているが、反面気性が荒く、そのためローマ人が認めるまともな政府を樹立できないでいる。温暖な南部の国々の住民は賢明で従順（で統治しやすい）だが、多少怠惰だ。ローマの風土は、言うまでもないが、この両極端の中間にあり、人間性においても能力においても最高の住民を生み出す。

8 ローマ人の医師ソラノスは産婦人科学の著書に、赤ん坊に時間をかけて養育する価値があるかどうかを判断するポイントについて、参考になるチェックリストを掲載している。

9 女の子は金のかかる贅沢品と考えられた。働きに出すといっても女性向きの仕事は多くなく、結婚するとなったら持参金をかき集めなければならない。この理由により、すでに娘がいる家庭や追加の収入が見込めない家庭では、女の赤ん坊を戸外に遺棄することもある。

10 現皇帝ドミティアヌスも、つい最近哲学者を追い出した。

11 これもローマの奴隷に関するきわめて不愉快な側面だ。家庭内で奴隷相手に自由に簡単にセックスできたために、ローマの男性は性的欲望を家庭の外で追求した。そのことが結果的に妻の妊娠の抑制に役立った。

第3章　衣服

1 ローマ随一のゴシップ屋スエトニウスによると、カリグラは女性用のガウンや靴を身につけるのを好んだという。ウェヌス神の仮装をするのも好きだった。スエトニウスは避難めいた口調で、カリグラは「伝統的な衣装にも現代的な服装にも関心を示さず、男性としての慣習も、人間としての品性さえ無視した」と書いている。「人間としての品性を無視」とはウェヌス神の仮装を指しているのだろう。

2 マントには高級品もある。詩人マルティアリスの友人は、奮発してマントに1万セステルティウス払った。その値段なら、きっと金糸を織って、宝石をちりばめたマントなのだろう。

3 もちろん、皇帝の忍耐強い女性親族が織ったものだ。

4 最近の調査によると、フラウィウス朝の女性の髪型は、所定の位置に縫い付けたものらしく、そそり立つような前髪は、実際は毛髪を猛烈に逆立てて作ったものだという。さらに詳しく知りたい人は、歴史研究家で美容師のジャネット・スティーブンスの YouTube をチェックすることをお勧めする。

5 鉛白の入ったおしろいは使わないとは、さすがホルテンシアは賢明だ。顔に鉛を塗るとどうなるかはよく知られている。隠そうとしたシミが悪化し、髪の毛が抜け、極端な場合は死に至る。

6 オーカーは粘土の一種。赤系統の色は口紅や頬紅としてローマの女性に人気がある。
7 マラカイトは鉱物の一種。ローマ人は青のアイシャドーにはアジュライトという鉱物を使った。
8 トガ・ウィリーリスは標準的なトガだ。純白で、成年と認められる年齢（17歳ぐらい）に達した男子が、マルス・ウルトル神殿の祭りで着用する。

第4章　住宅事情

1 だが、このように混み合った町に暮らしたら、当然人づきあいでも忙しくなるだろうと思い込まない方がいい。詩人のマルティアリスは、隣人のノウィウスが自分に関心を示さないことにひどく憤慨している。そして、「ノウィウスに会いたくないなら、彼の隣に住めばいい。同じ階の同じ部屋に住めばさらにいい」とまで言っている。Epigrams 1.86。
2 セネカにさほど同情する必要はない。彼はローマの市外にも家を持っていたし、大邸宅を所有する友人もたくさんいた。効果的な耳栓を買うお金も持っていた。
3 ローマ人は人が集まることに対して強い警戒心を抱いている。ローマの歴史と、何か腹が立つことがあれば暴徒化するという地元民の性癖を考えたら当然だろう。料理屋は、警戒を要する数の人々が集まりやすい場所なので、クラウディウス帝が命令を出せば、治安維持のために料理屋はすべて閉鎖された。
4 『愛の歌 *Amores*』はオウィディウスの愛をテーマにした詩を集めたものだ。アウグストゥス帝の命により彼が追放されたのは、この詩集のせいかもしれない。現皇帝の道徳に対する姿勢を考えると、この種の本とは関わりを持たない方がいい。
5 絵が入れ替わる天井を設置するだけの余裕がなくても、客には「うちの天井も回るよ」と言っておけばいい。ワインをたっぷり飲ませたら、ダイニングルームの天井はグルグル回ることだろう。
6 客たちには、この絵は虚栄心への警告であって、決して家族の誰かの性向を表現したものではないとはっきり言っておこう。
7 ドミティアヌス帝は孤独を好んだが、それはローマ市民の間にさまざまな憶測を生んだ。皇帝はひとりの時間を、ペンの尖った先端でハエを突き刺しながら過ごしているという話をでっち上げた者もいた。仮にそれが真実だとしても、いかがわしい人物だと決めつける理由にはならない。

第5章　買い物

1 シェイクスピアの戯曲『ジュリアス・シーザー』より。

2 プブリウス・クロディウスについての詳細は「政治」の章を参照。

3 キケロの攻撃演説による。キケロは同じ演説で、マルクス・アントニウスは若い頃は売春をしたことがあり、見苦しい大酒飲みだと非難している。

4 この「国家の敵」の中にはキケロも含まれる。マルクス・アントニウスはキケロの頭部と手をロストラの上にさらした。これはアントニウスにひどく酔っ払ったあの夜のことを思い出させてやりたいと考えるすべての人への警告だった。

5 聖なる火が消えると、ウェスタの巫女とローマの双方にとって災いとなる。

6 ドミティアヌス帝のフォルムは現在まだ建設中で、最終的に後継者の名前からネルウァのフォルムと呼ばれることになる。残念！

7 Silvae, 1.1.

8 この件に関しては、ホルテンシアの言うとおりだ。冷蔵庫のなかった時代、傷みやすい食品は輸送中に腐ってしまうことが多い。

9 エジプトからの穀物船は非常に重要だったので、穀物船の封鎖はローマに圧力をかけるよい戦術だと考えられ、69年のローマ内戦の際にはアフリカ人の総督クロディウス・マケラもこの戦術を使った。ウェスパシアヌス帝がウィテッリウス帝を打ち破るときに使うのもこの戦術だ。ただし、ウェスパシアヌス帝の将軍〝壊れやすい《ブリーキー》〟アントニウス・プリムスは気が逸るあまり、計画が実行に移される前にイタリアへ進軍してしまう。

10 情報源は大プリニウス。彼はまた、スキタイではグリフィン［ギリシア神話に出てくる架空の動物で、ワシの頭とライオンの胴体を持ち、翼を使って空を舞う］も金を集めるようだとも記述している。

11 この件に関する詳しい考察は「健康と医療」の章を参照。

12 本書の情報源では、肌が黒いアフリカ人はエチオピア人と呼ばれている。

13 大プリニウスはエチオピア人を見て大層驚いたようで、実際に自分の目で見なければ、誰もこのような人間が存在していると信じないだろうと述べている。ローマがアフリカと活発に貿易を行っていたことを考えると、これは少々奇妙に思われる。おそらく、大プリニウスはあまり外出しなかったのだろう。

第6章 食べ物と食習慣

1 Pliny, *Natural History* ix.76.（大プリニウス著、『プリニウスの博物誌』、中野定雄、中野里美、中野美代訳、雄山閣、1986年）第9巻76。

2 Geoponica 20.46.1-5.

3 Petronius, *Satyricon* 6.31.（ペトロニウス著『サテュリコン』、国原吉之助訳、岩波書店、1991年）もっとヤマネの料理法を知りたいなら、あるいは、知りたくない人も、ヤマネをハチミツとケシの種を混ぜたものに浸すという料理なら、考えてみてもいいのではないか。

4 Suetonius, *Life of Claudius* 40.（スエトニウス著『ローマ皇帝伝(下)』、國原吉之助訳、岩波書店、1986年）「クラウディウス」40。

5 ヘルクラネウムの遺跡（バーと宿を兼ねた海沿いの浴場）、10675。

6 Pliny, *Natural History* xiii.25.（『プリニウスの博物誌』大プリニウス著、中野定雄、中野里美、中野美代訳、雄山閣、1986年）第13巻25。実のところ、大プリニウスもこの最近の革新にはあぜんとしているようだ。彼によると、概して香水とは「すべての贅沢品の中で最も役に立たないもの」だそうだ。

7 Pliny, *Natural History* ix.19.（大プリニウス著『プリニウスの博物誌』、中野定雄、中野里美、中野美代訳、雄山閣、1986年）第9巻120。だが、これは家で試さない方がいい。学者たちが試してみたが、何の効果もない。

8 Martial, Epigrams 2.18、彼は招待状を追求する間に、おべっか使いにもなれば嫌われ者にもなったと得意げに認めている。

9 Suetonius, *Life of Claudius* 32.（スエトニウス著『ローマ皇帝伝（下）』、國原吉之助訳、岩波書店、1986

年)、「クラウディウス」32。
10 同、「ウィテッリウス」13。
11 Pliny the Younger, *Letters* 1.15（『プリニウス書簡集——ローマ帝国——貴紳の生活と信条』、国原吉之助訳、講談社、1999年）1・15。小プリニウスは、友人のクラルスが自分の晩餐会の招待を断ったのは、「スペイン人の踊り子」が出演する別のパーティーに出席するためではないかと勘ぐっている。たしかに、小プリニウスと夜のひとときを過ごすよりは、よほど楽しそうだ。

第7章　娯楽

1 ガエトゥリ人は北アフリカの民族。
2 これまでの皇帝の時代には、闘技は個人、一般的にはその年の造営官が企画した。優れた出し物を上演したなら、次の選挙に立候補したときに民衆は覚えているだろう。そのため、ひどい出し物を上演したら、その官吏のキャリアは台無しになってしまう。民衆の記憶力の良さは、何百年も後に大プリニウスが、ゾウやライオン、カバを初めて闘技場の演目に出した官吏の名前を挙げていることからも明らかだ。
3 ラニスタとは剣闘士養成所の経営者で、剣闘士の売買や育成、主催者との契約交渉などを行う。
4 ポンペイで開催された剣闘士の試合結果について調査したメアリー・ビアードとケイス・ホプキンスは、『コロッセウム *Colosseum*』という著書で、剣闘士が試合で殺される確率は5分の1と見積もっている。
5 アウグストゥス帝は、特にローマに初めてやってきた動物がお気に入りで、サイを誇らしげに見せびらかしていた。ガルバ帝はゾウの綱渡りという妙技を、初めてローマ人に紹介した。スッラ帝はライオンを集団で闘わせる出し物を初めて取り入れ、アレナで100頭のライオンがにらみ合った。
6 皇帝たちはチームの数を増やして、戦車競走への愛をもう少し広めようとした。最近ではドミティアヌス帝が金と紫のチームを増やした。だが、前述した月の名前の変更と同様に、このような変更は長続きせず、馬車競争の標準的なチームとして残っているのは青、緑、白、赤である。

7 このオリンピュア大祭の競技には、戦車競走以外にも演劇、竪琴演奏、歌唱が追加された。ネロ帝は実に多趣味な人間だった。

8 Martial, Epigrams 7.xxxiv

第8章　健康と医療

1 おそらく喘息だろうと考える歴史家もいる。

2 クラウディウス帝の病気に関しては、トゥレット・シンドローム〔運動チックと音声チックの両方が継続する精神神経疾患〕から脳性まひまで、さまざまな見解がある。

3 この能力により、ウェスタの巫女は逃亡奴隷の優秀なバウンティ・ハンター〔保釈中に逃亡した者を連れ戻す人〕になるだろう。残念ながら、この職業に就いたウェスタの巫女がいたという証拠はまだ見つかっていない。

4 屹立した巨大な男根を持つプリアポス神の像も見ておくといい。

5 大プリニウスはこう述べている。「人を殺しても罰を受けないのは医者だけだ」。『プリニウスの博物誌』第29巻18。

6 ギリシャ人はローマ人より賢明な民族だと見なされているからだ。秘書や教師も同じだ。ローマ人はギリシャ人の賢明さを称賛はしているが、かなり疑わしいとも考えている。

7 医者の中には、ビジネスを軌道に乗せようと、公衆の面前で自分の技術を実演してみせる者もいる。

8 川が流れている夢は健康状態が良いことを示す。水かさの増した、異常に流れが速い川の夢を見た人は、血の気が多すぎる可能性がある。荒海の夢は腸に問題があることを示す。恐ろしいものから逃げている夢を見たら、脱水症を疑おう。

9 健康にとって風向きはきわめて重要だからだ。

10 患者の状態は日々変化するため、ギリシアのヒポクラテス学派の文書には、こうした詳細な視診が記録されている。気がかりなのは、多くの記録に「4日目に死亡」と書かれていることだ。

11 しかしながら、プリニウスはタマネギを尻に押しこむ前に、刻むのか丸のまま使うのかという肝心な点を書き忘れている。

12 大プリニウスは、耐えがたい身体的な痛みに苦しむ人々が自ら命を絶つ手段として、アヘンが使われたとも書き記している。

第9章 仕事

1 Suetonius, *Life of Nero* 47.（スエトニウス著『ローマ皇帝伝（下）』、國原吉之助訳、岩波書店、1986年）、「ネロ」47を参照。スエトニウスはネロ帝の言葉を詳細に引用し、死を前にした皇帝が非常に苦悩していた様子があますところなく記録されているので、きわめて有益だ。

2 パルティア人は本当にネロが自国にいると信じたのか、それとも、ローマに一矢報いる良い機会だと考えたのかは、解釈が分かれるところだ。パルティア人とローマ人はアルメニアの支配権をめぐって抗争を繰り返していて、ネロの治世下でも対立が起きていた。この対立は、ローマとパルティアが合意して新しいアルメニア王を即位させることで解決した。即位を祝う式典の規模に関して注目すべきなのは、ネロが1日に80万セステルティウスを費やしたことだ。

3 詩人のマルティアリスは、ドミティアヌス帝の侍従パルテニウスに繰り返しこれを頼みこんだと言われている。

4 Statius, Silvae VI.3.

5 Martial, Epigrams 8.XI.

6「イボだらけの子羊」、別名クィントス・ファビウス・マクシムス・ウェッルコススの件については、「古代ローマへようこそ」の章を参照。

7 問題の男性は、小プリニウスの最大の敵レグルスである。プリニウスはたびたびレグルスを批判していて、この場合は正論と言っていいだろう。だが、レグルスは息子の死を大げさに嘆きすぎていると揶揄しているのは、少々悪意が過ぎる。

第10章 戦争

1 ここでの数字はすべておおざっぱなものと考えていただきたい。ローマの歴史家は、戦争での兵士の数に関して、ありえない数字を持ち出すので悪名高い。それでも、今なおカンナエと聞くと、ローマ人がとたんに不機嫌かつ感情的になることを考えると、多くのローマ人が殺されたのは間違いない。

2 Victor Davis Hanson in The Reader's Companion to Military History.
3 現代のトルコを指すが、紀元1世紀当時は多くの地方で構成されていた。
4 現代のイラン・イラクを指す。パルティア人はローマと国境を接し、メソポタミアやバビロニアを支配下に置く独自の帝国を築いていた。
5 パルティア軍独特の戦術、いわゆる悪名高き「パルティアンショット」について特記しておく。これは後退するとみせかけるトリックだ。パルティア軍の騎兵を追いかけた敵兵は、そこで秘密の特技を目の当たりにする。馬上で振り向きざま火の付いた矢を放つのだ。ここから英語の「パーティングショット（parting shot）」［「捨てぜりふ」の意］という言葉が生まれた。
6 そう、あのカシウスだ。ブルトゥスらと共にユリウス・カエサルを暗殺した首謀者のひとりである。
7 エウリピデス作の戯曲『バッコスの信女』は血なまぐさい終焉を迎える。不運な英雄ペンテウスはバッコス神の祭礼を行っていた女性たちに八つ裂きにされる。女性のひとりは彼の母親アガウエーで、自分の息子とは気づかぬまま、意気揚々とその首を掲げる。クラッススはペンテウスの首の役を演じたことになる。
8 ケルスキ族の族長アルミニウスは、表向きは快く受け入れられた客人、本当のところは捕虜としてローマで暮らしたが、ローマ市民権を与えられた上、騎士階級にまで昇格した。ローマ軍に従軍して武功さえ立てた。このようにローマ社会で出世していく間も、彼の心の中では復讐の黒い炎が燃え続けていたと考えるべきだろう。この戦いでアルミニウスは充足感を覚えたに違いない。
9 現代のルーマニア。
10 この戦いでは著名な将軍アグリコラが遠征隊長を務めた。歴史家タキトゥス（奇しくもアグリコラの娘婿）によると、彼はブリタンニアでの成功によりドミティアヌス帝の嫉妬を買ったらしい。ドミティアヌス帝は、自分が率いて勝利を収めたカッティ族との戦闘が、アグリコラほど称賛の的とならなかったことが不満だったようだ。
11 ドミティアヌス帝は弓の名手だと言われるが、実はこれは皇帝に対する皮肉で、まっとうな男らしいローマ人ではないと匂わせているのだ。また、皇帝が暇をもてあましていることも示唆している。

12 帝国領内に住む非市民が援軍として採用された。ほとんどはその地域の地元民で、25年の兵役が終わるとローマ市民権が与えられる。ローマ人には明らかなメリットがあった。若者を徴兵すればその地方を制圧できるし、軍は弓術という、そうでもしなければ持つことができない技術を獲得できた。

13 きわめて低劣な言葉が刻まれていた。とてもここで紹介できないほどひどい言葉だ。

14 この包囲作戦は紀元前2世紀の第3次ポエニ戦争で実施された。

15 近年のユダヤ戦争で、ついにローマ軍はマサダ要塞の壁を破ったが、敵兵は全員降伏を拒んで集団自決していた。

16 紀元前4世紀のこと。

第11章　宗教と信仰

1 現皇帝の父ウェスパシアヌスは死の床で、「余は神になりつつある」と冗談を口にした。その言葉どおりウェスパシアヌスは神格化され、人々は激しい下痢の発作といういささか屈辱的な死因をたちまち忘れ去った。

2 ローマ神話で冥界の神と言えば、ペルセポネと結婚したプルートだ。

3 ウィテッリウス帝は、アントニウス・プリムス率いる軍に敗れた。プリムスには「ビーキー」というあだ名が付けられたが、その理由は不明だ。もしかしたら、鼻の形が雄鶏のくちばし《ビーク》に似ていたのだろうか。それとも、体の他の部分がくちばしの形をしていたのだろうか。あるいは、穀類が大好きで、夜明けとともに時を告げたのだろうか。これはローマの歴史における、おそらく永遠に解けることのない、気にかかる謎のひとつだ。

4 この儀式の根拠は、オウィディウスによると、家で飼っていた鶏を盗もうとしたキツネを捕まえた少年の話にある。少年はわなで捕まえたキツネに（恐ろしい話だが）火を付けた。キツネは燃えながらトウモロコシ畑へ逃走し、作物は全滅した。

5 詩人のマルティアリスは、サトゥルナリアにふさわしいプレゼントの長大なリストを贈っている

（『エピグラム Epigrams』13）。その中には、本文中に挙げたもの以外に、歯ブラシ、緋色のマント、胸帯、サル、小人、スポンジなども含まれている。

6 ドミティラは流刑地で亡くなったが、キリスト教会からは殉教者と見なされ、聖フラウィア・ドミティラと称されている。

第12章　法と秩序

1 親衛隊によって引き起こされたもめ事には長い歴史がある。親衛隊長官ニュンピディウス・サビヌスは配下の隊員にネロ帝を抹殺するよう言い聞かせ、ネロの最期を早めた。だが、サビヌスはネロの後継者ガルバ帝に失望し、自分がガルバよりましな皇帝になってやると心を決めてクーデターを企てたが、親衛隊員はこのたびは彼の命令に従わず、指揮官を私刑で殺し、死体をローマ中引き回した。

2 ポンペイのテアトル通りで発見された落書き、VIII: 64。

3 Quoted in Mary Beard, SPQR, p465.（メアリー・ビアード著『SPQR　ローマ帝国史Ⅱ』、宮﨑真紀訳、亜紀書房、２０１８年）p.２１９より引用。

4 ドミティアヌス帝はオト帝の甥を処刑した（オト帝の在位期間は紀元69年のほんの数か月間だ）。

5 エパフロディトゥスはネロ帝が死亡したときに側近く仕えていた解放奴隷のひとりで、皇帝の自殺の手助けをした。エパフロディトゥスはネロの死後25年間静かに生きていたが、突然ドミティアヌス帝が皇帝の自殺幇助は死罪に値すると決断した。エパフロディトゥスは追放され、その後処刑された。おそらく、ドミティアヌス帝の側近が、皇帝の自殺の「手助け」をしようという気を起こさないよう、見せしめにしたのだろう。

6 クラウディウス帝の妻メッサリナは、宮廷中に自分の不倫について言いふらし、ついには愛人のひとりと2度目の「結婚」までした。そのことを知ったクラウディウス帝は、ふたりを処刑した。

7 ドミティア皇妃の最初の夫ラミア・アエリアヌスが、妻を奪った皇帝について趣味の悪い冗談を言った。ドミティアヌス帝はこのことについて15年間思い悩んだ挙げ句、ついに死刑に値する侮辱だと判断した。

8 ティベリウス帝の御代に、国家反逆罪の裁判の嵐が吹き荒れた。その中には、本文のリストの最後のふたつのように、意図的なものではなく漠然とした皇帝への侮辱を国家反逆罪に再定義するものもあった。これにより、世間に誇大妄想的な空気が立ち込めた。

9 小プリニウスによると、裁判の「サクラ」への謝礼の相場は、ひとり当たり3デナリだそうだ。Letters, 2.14（『プリニウス書簡集――ローマ帝国貴紳の生活と信条』、国原吉之助訳、講談社、1999年）2・14。

10 小プリニウスは7時間におよんだ陳述について述べている。

11 キケロとドミティアの追放は一時的なもので、ふたりともローマへ戻った。

第13章　政治

1 ローマ帝国初代皇帝アウグストゥスは多大な時間を費やして、共和政の復活と、自分は一般市民であり、元老院の統治方法に口出しせず、政府のいかなる面も支配するつもりはないと宣言した。だが、それから100年経った現在、共和政が復活していないことは誰の目にも明らかだ。しかしながら、誰もがローマには王はいないと今も主張している。この集団妄想への疑問は口にしないよう忠告しておく。

2 名覚え奴隷《ノーメンクラートル》の役割は人の名前を覚えて主人に教えることなので、主人は人の名前を覚えなくてすむ。これから頭角を現わそうとしている家庭には不可欠なサービスで、パーティーでも重宝する。

3 それに、これは命がけになる。官吏や皇帝が移動するときは、たいてい武装した警備隊がそばにいることを忘れてはいけない。

4 From Plutarch's *Life of Pompey*（『プルタルコス英雄伝（下）』村川堅太郎訳、筑摩書房）「ポンペイウス」より。

Nossov, Konstantin, *Gladiator: Rome's Bloody Spectacle* (Osprey: 2009)
Ovid, *Fasti* (Translated by A.J. Boyle and R.D. Woodard) (Penguin Books: 2004)
Pliny the Elder, *Natural History: A Selection* (translated by John Healey), (Penguin Books: 1991)（大プリニウス著『プリニウスの博物誌』、中野定雄、中野里美、中野美代訳、雄山閣、1986 年）
Pliny, *The Letters of the Younger Pliny* (translated by Betty Radice) (Penguin Books: 1969)（小プリニウス著『プリニウス書簡集――ローマ帝国――貴紳の生活と信条』、国原吉之助訳、講談社、1999 年）
Plutarch, *Roman Lives* (translated by Robin Waterfield) (Oxford World's Classics: 1999)（プルタコス著『プルタルコス英雄伝』、村川堅太郎訳、筑摩書房 1996 年）
Pomeroy, Sarah B, *Goddesses Whores, Wives and Slaves: Women in Classical Antiquity* (Pimlico: 1994)
Scarborough, John, *Roman Medicine* (Camelot Press: 1969)
Seneca, *Letters from a Stoic* (translated by Robin Campbell) (Penguin Books: 2004)（セネカ著『セネカ　道徳書簡集――倫理の手紙集』、茂手木元蔵訳、東海大学出版会、1992 年）
Shelton, Jo-Ann, *As the Romans Did: A Sourcebook in Roman Social History* (Oxford University Press: 1988)
Soranus, *Gynaecology* (Baltimore John Hopkins Press: 1956)
Southern, Pat, *Domitian: Tragic Tyrant* (Routledge: 1997)
Statius, *Complete Works* (Delphi Classics: 2014)
Suetonius, *The Twelve Caesars* (translated by Robert Graves) (Penguin Books: 1989)（スエトニウス著『ローマ皇帝伝』、国原吉之助訳、岩波書店、1986 年）
Tacitus, *The Annals of Imperial Rome* (translated by Michael Grant) (Penguin Books: 1989)（タキトゥス著『年代記』、國原吉之助訳、岩波書店、1981 年）
Tacitus, *The Histories* (translated by Kenneth Wellesley) (Penguin Books: 1995)（タキトゥス著『同時代史』、國原吉之助訳、岩波書店）
Toner, Jerry, *How to Manage your Slaves* (Profile Books: 2015)
Toner, J.P., *Leisure and Ancient Rome* (Blackwells: 1995)
Toynbee J.M.C, *Animals in Roman Life & Art* (Pen & Sword: 2013)
Turcan, Robert, *The Cults of the Roman Empire* (Blackwell: 1996)

参考文献

The Penguin Dictionary of Classical Mythology (edited by Stephen Kershaw), (Penguin Books: 1991)

Apicius, *Cookery and Dining in Imperial Rome* (Translated by Joseph Dommers Vehling), (Dover Publications; 1977)

Bauman, Richard *A., Crime & Punishment in Ancient Rome* (Routledge: 1996)

Beard, Mary, *SPQR: A History of Ancient Rome* (Profile Books: 2016)
（メアリー・ビアード著『SPQR　ローマ帝国史』、宮﨑真紀訳、亜紀書房、2018 年）

Beard, Mary, *Pompeii: The Life of a Roman Town* (Profile Books: 2008)

Dickie, Matthew, *Magic and Magicians in The Graeco Roman World* (Routledge: 2001)

Dupont, Florence, *Daily Life in Ancient Rome* (Blackwell: 1992)

Edwards, Catherine, *Death in Ancient Rome* (Yale University Press: 2007)

Galen, *Selected Works* (translated by P.N. Singer), (Oxford University Press: 1997)

Graf, Fritz, *Magic in the Ancient World* (Harvard: 1997)

Hippocratic Writings (translated by Professor Geoffrey Earnest Richard Lloyd) (Penguin Books:1983)

Hopkins, Keith and Mary Beard, *The Colosseum* (Profile: 2005)

Israelowich, Ido, *Patients and Healers in the High Roman Empire* (John Hopkins University Press: 2015).

Juvenal, *The Sixteen Satires* (translated by Peter Green) (Penguin Books: 2004)（ペルシウス、ユウェナーリス他著『ローマ風刺詩集』、国原吉之助訳、岩波書店、2022 年）

Knapp, Robert, *Invisible Romans* (Profile: 2013)（ロバート・クナップ著『古代ローマの庶民たち　歴史からこぼれ落ちた人々の生活』、西村昌洋訳、白水社、2015 年）

Laes, Christian and Johann Strubbe, *Youth in the Roman Empire: The Young and Restless Years* (CUU: 2014)

Leon, Vicky, *Orgy Planner Wanted: Odd Jobs and Curious Careers in the Ancient World* (Quercus: 2007)

Livy, *Rome and the Mediterranean* (translated by Henry Bettenson) (Penguin Books: 1976)

King, Helen, *Greek and Roman Medicine* (Bristol Classical Press: 2001)

Martial, *The Epigrams* (translated by James Michie) (Penguin Books: 1978)

Matyszak, Philip, *Legionary: The Roman Soldier's Manual* (Thames & Hudson: 2009)

Matyszak, Philip, *Ancient Rome on Five Denarii A Day* (Thames & Hudson: 2007)

Nippel, Winfried, *Public Order in Ancient Rome* (Cambridge University Press: 1985)

【著者】L・J・トラフォード（L. J. Trafford）

イギリスの名門、レディング大学で古代史を修める。2000年から「四皇」シリーズを書き始める。このシリーズは、「パラティーノ」「ガルバの部下」「オトの後悔」「ヴィティリウスの饗宴」の4冊からなり、ネロの劇的な没落と、その後の四皇帝の混沌とした1年間を描いている。2015年、『Palatine』で歴史小説協会からエディターズ・チョイス・マークを受賞した。ほかに『Sex and Sexuality in Ancient Rome』など。

【訳者】元村まゆ（もとむら・まゆ）

同志社大学文学部卒業。翻訳家。訳書としてストーン『「食」の図書館　ザクロの歴史』、タウンセンド『「食」の図書館　ロブスターの歴史』、ブランソン『DotCom Secrets』、クラーク『SKY PEOPLE』などがある。

古代《こだい》ローマの日常生活《にちじょうせいかつ》 II

社会《しゃかい》のしくみから食生活《しょくせいかつ》、娯楽《ごらく》、信仰《しんこう》まで、生《い》きていくための100のポイント

●

2023年10月23日　第1刷

著者…………Ｌ・Ｊ・トラフォード

訳者…………元村《もとむら》まゆ

装幀…………伊藤滋章

発行者…………成瀬雅人

発行所…………株式会社原書房

〒160-0022 東京都新宿区新宿 1-25-13
電話・代表 03（3354）0685
http://www.harashobo.co.jp
振替・00150-6-151594

印刷…………新灯印刷株式会社
製本…………東京美術紙工協業組合

ISBN978-4-562-07353-5, Printed in Japan